「気になる」子どもの社会性発達の理解と支援

● チェックリストを活用した保育の支援計画の立案

本郷一夫 編著 Kazuo Hongo

北大路書房

はしがき

　本書で取り上げる「社会性発達チェックリスト（改訂版）（SDC-R: Social Development Checklist for young children Revised Version)」は，先に作成した「社会性発達チェックリスト（幼児版）」（本郷ら，2015，2016）を保育の巡回相談の場などでの活用結果に基づいて，改訂したものである。

　社会性発達チェックリスト（改訂版）は，主として，保育の場における「気になる」子どもの行動の背景を理解するために開発されたものである。このチェックリストは，日常的に子どもとかかわっている大人，とりわけ保育者・教師に子どもの様子を尋ねることにより，子どもの発達を捉えようとするものである。その点で，いわゆる間接検査（質問紙式検査）に分類されるものである。

　この社会性発達チェックリスト（改訂版）の大きな特長は，保育場面での幼児の行動に焦点を当てていることである。従来から，保育者等に子どもの状態を尋ねることによって子どもの発達を捉えようとする発達検査（間接検査あるいは質問紙式検査）はあった。しかし，多くの間接式の発達検査は，家庭での子どもの特徴を捉えて，そこから子どもの発達を理解しようとするものであった。しかし，子どもによっては，家庭での行動と保育所，幼稚園，認定こども園などの集団場面での行動が異なることがある。とりわけ，障害の確定診断はなされていないものの，集団場面での適応に問題を抱える「気になる」子どもの場合，場面によって行動が違うことが多い。社会性発達チェックリスト（改訂版）は，主としてこのような「気になる」子どもの発達的特徴を理解することを目的として作成された。

　本書は，社会性発達チェックリスト（改訂版）の作成過程と構成，チェックリストを用いた子どもの理解に加え，保育，発達支援の具体的な進め方を紹介し，保育の支援計画の作成に役立つように構成した。その点で，「気になる」子どもだけではなく，障害がある子どもの保育を担当している保育者，保育の場の巡回相談に携わっている心理士，発達支援の専門家を目指す大学生，大学院生などに広く活用していただきたいと考えている。

2018年2月

編者　本郷　一夫

もくじ

はしがき　i

第1章　社会性発達チェックリスト（改訂版）の目的と作成プロセス　1

第1節　社会性発達チェックリストの開発の目的　1

第2節　社会性発達チェックリスト（改訂版）の作成プロセス　2
1. 対象児と調査期間 …… 2
2. 調査手続き …… 2
3. 社会性発達に関する調査用紙の構成 …… 3
4. 項目の選定 …… 3

第3節　「気になる」子どもの社会性発達の特徴　4
1. 典型発達児と「気になる」子どもの年齢による違い …… 4
2. 統計的分析 …… 5
3. 各領域の特徴 …… 6

第4節　「気になる」子どもの特徴と社会性発達　8
1. 「気になる」子どもの特徴 …… 8
2. 群別に特徴的な項目 …… 11

第5節　まとめ　12
1. 全体的な傾向 …… 12
2. 各領域の特徴 …… 12
3. 今後に向けて …… 13

第2章　社会性発達チェックリスト（改訂版）の項目とその意味　15

第1節　集団活動　15
1. 〈集団活動〉領域の概要 …… 15
2. 各項目について …… 15

第2節　子ども同士の関係　19
1. 〈子ども同士の関係〉領域の概要 …… 19
2. 各項目について …… 19

第3節　言語　23
1. 〈言語〉領域の概要 …… 23
2. 各項目について …… 24

第4節　認識　28
1. 〈認識〉領域の概要 …… 28
2. 各項目について …… 28

第 5 節　感情　32
　　1.〈感情〉領域の概要 ……………………………………………………………… 32
　　2. 各項目について ………………………………………………………………… 32

第 3 章　社会性発達チェックリスト（改訂版）からみる子どもの発達　37

第 1 節　2 歳児の事例　37
　　1. 指示の理解が難しい子どもの事例 …………………………………………… 37

第 2 節　3 歳児の事例　40
　　1. 保育者の声がけが入りにくい子どもの事例 ………………………………… 40
　　2. 一度主張し始めると自分の考えを変えない子どもの事例 ………………… 42

第 3 節　4 歳児の事例　45
　　1. 落ち着きのない子どもの事例 ………………………………………………… 45
　　2. 他児との関係を作ることが難しい子どもの事例 …………………………… 47

第 4 節　5 歳児の事例　50
　　1. 保育者の指示に従うことが難しい子どもの事例 …………………………… 50
　　2. 対人的トラブルが多い子どもの事例 ………………………………………… 53

第 4 章　支援目標と保育の計画　57

第 1 節　「気になる」子どもを支援するための基礎　57
　　1. 保育・教育場面における支援 ………………………………………………… 57
　　2. 目標設定と支援計画 …………………………………………………………… 58
　　3. 支援の柱 ………………………………………………………………………… 59

第 2 節　社会性発達チェックリスト（改訂版）を活用した支援計画の実際　60
　　1. 知的発達に遅れのある H 児【2 歳児クラス女児，クラス担任 2 名】…………………… 60
　　2. 知的発達に遅れのある I 児【4 歳児クラス男児，クラス担任 1 名】…………………… 63
　　3. 自己主張が強く行動調整に問題のある J 児【3 歳児クラス女児，クラス担任 1 名】…… 66
　　4. 動きが多く落ち着きのない K 児【5 歳児クラス男児，クラス担任 1 名】……………… 69
　　5. コミュニケーションに困難がある L 児【2 歳児クラス女児，クラス担任 3 名】………… 72
　　6. コミュニケーションに困難がある M 児【5 歳児クラス男児，クラス担任 1 名】………… 74
　　7. コミュニケーションに困難があり，他者への興味・関心も少ない N 児
　　　【4 歳児クラス女児，クラス担任 2 名】……………………………………………… 77
　　8. コミュニケーションの難しさに加え，多動傾向のある O 児
　　　【3 歳児クラス男児，クラス担任 1 名】……………………………………………… 79

文献　83

付録　社会性発達チェックリスト（改訂版）　86

第1章 社会性発達チェックリスト（改訂版）の目的と作成プロセス

第1節　社会性発達チェックリストの開発の目的

　近年，保育・教育場面においては，顕著な知的な遅れは認められないにもかかわらず，「対人的トラブルが多い」「自分の行動や感情をうまくコントロールできない」「新しい課題になかなか取り組もうとしない」「ルール違反が多い」などの特徴をもつ子ども，いわゆる「気になる」子どもへの対応が問題となってきている（本郷ら，2003，2005，2006，2007，2010）。このような子どものなかには，後に，自閉スペクトラム症（ASD），注意欠如・多動症（ADHD），限局性学習症（SLD）などと診断される子どももいる。しかし，青年期になっても発達障害として診断されず，適切な支援を受けないまま高校に進学するケースがある。そのため，高校では，診断名がある生徒よりもむしろ診断名がない生徒のほうが「気になる」特徴が大きく現れることもある（本郷ら，2009）。

　ここで重要なのは，発達障害の診断の有無ではなく，目の前の子どもを理解し，継続的に支援していくことである。そのためには，大きく2つのことが必要となる。第1に，適切な発達アセスメントがなされる必要がある。その際，知能検査によって認知の遅れや認知発達の領域間のアンバランスをいくら詳細に調べても子どもの理解と具体的な支援には結びつかない場合があることを理解しておく必要があるだろう。むしろ，集団生活場面における子どもの発達のさまざまな特徴や行動の特異性を捉え，それに基づく支援を実施することが重要となる。そのような点から，社会性発達チェックリスト（幼児版）が開発された（本郷ら，2015，2016）。このチェックリストは，保育場面における子どもの発達状態を捉えるために，〈集団活動〉〈子ども同士の関係〉〈言語〉〈認識〉〈感情〉の5つの領域から構成された。

　第2に，子どもの発達アセスメントに基づく適切な支援が必要となる。すなわち，たんに子どもの不得意な点を改善するという視点だけではなく，子どもの得意なこと，取り組みやすいことにも着目し，どのような支援が子どもの現在の生活の豊かさにつ

ながるのか,どのような支援が子どもの将来の発達に寄与するのかといった視点から支援を捉える必要がある。

　本書で取り上げる社会性発達チェックリスト(改訂版)は,このように「気になる」子ども,発達障害がある子どもの理解(発達アセスメント)と支援に役立つと考えられる。また,このチェックリストは,「気になる」子どもや発達に遅れがある子どもだけではなく,クラス全体の子どもの発達状態を捉えることによって,保育指導計画を立案するのにも活用できると考えられる。

　なお,私たちが先に作成した「気になる」子どもの行動チェックリスト(D-4)は,保育場面における「気になる」子どもの行動特徴を捉えるためのものであった(本郷,2010)。それに対して,社会性発達チェックリスト(改訂版)は,そのような「気になる」子どもの行動の背景を理解するものである。その点で,「気になる」子どもの行動チェックリスト(D-4)と社会性発達チェックリスト(改訂版)を併用することによって,いっそう子どもの理解が深まると考えられる。

第2節　社会性発達チェックリスト(改訂版)の作成プロセス

　以下,社会性発達チェックリスト(改訂版)の作成プロセスである。

1. 対象児と調査期間

　宮城県,鳥取県の15か所の保育所の保育士にクラスの子ども一人ひとりについて,社会性発達に関する調査用紙の全項目について,チェックするようにお願いした。その結果,1963件が回収された。そのうち,質問項目の記入漏れ,記入の誤りなどがあるものを除き,すべての項目の記入が整っている質問紙1570件(典型発達児1321件,「気になる」子249件)を分析の対象とした。なお,ここでは,クラスの他児と比較して,日常生活で「気になる」特徴がある子どもを「『気になる』子ども」,保育のなかで特別な配慮を必要としていない子どもを「典型発達児」とした。

　調査期間は,2013年11月～2014年2月であった。

2. 調査手続き

　各保育所に社会性発達に関する調査用紙を配布し,各クラスの担任の保育士1名に子どもの発達状況をチェックしてもらった。その際,子どもの年齢にかかわらず,すべての項目について,「できる」(○),「できない」(×),「わからない」(△)の3段階でチェックするようにお願いした。

　なお,これまでに観察したことがない項目については,日常の保育のなかで実際に子どもに働きかけるなどして,可能な限り,直接確認するようにお願いした。

3. 社会性発達に関する調査用紙の構成

項目は5領域113項目から構成された。各領域の項目数については、〈集団活動〉21項目、〈子ども同士の関係〉20項目、〈言語〉25項目、〈認識〉26項目、〈感情〉21項目であった。

これらの項目の選定に当たっては、遠城寺式乳幼児分析的発達検査法、津守式乳幼児精神発達診断検査、KIDS乳幼児発達スケール、新版S-M社会生活能力検査、新版K式発達検査2001、幼児総合発達診断検査、WISC-Ⅲ、田中ビネー知能検査Ⅴ、勅使（1999）などを参考にするとともに、日常生活場面における子どもの行動に関する保育士からの聞き取りの結果を参考にした。

4. 項目の選定

(1) 分析対象児

1～6歳の典型発達児1321人のデータを分析の対象とした。各年齢の人数は表1-1に示す通りである。

(2) 通過率の分析

各項目について、「できる」（〇）と回答された子どもの割合を項目通過率とした。典型発達児を対象として、6か月ごとに通過率を求めた。なお、1歳0か月～1歳5か月の子どもの人数が少なかったため、以後の分析では1歳6か月～1歳11か月以降を対象とした。

(3) 項目の抽出基準

社会性発達チェックリスト（幼児版）を作成するのに当たり、以下の基準に基づいて、各領域1歳～5歳の5年齢段階において各年齢段階2項目計10項目を抽出した。

①通過率

通過率（「できる」と回答された子どもの割合）が年齢とともに増加すること。その際、可能な限り項目の通過率が最初に50％を超える年齢群が6か月単位で上昇するように選択した。

表1-1 典型発達児の年齢・性別の人数

	1歳	2歳	3歳	4歳	5歳	6歳	合計
男児	36	137	106	110	131	89	609
女児	33	157	129	134	154	105	712
合計	69	294	235	244	285	194	1321

②項目内容
　内容が特定の領域の活動に偏らないようにした。
③地域・文化差
　特定の地域や文化に特有な遊びや文字などは除くようにした。
④弁別力
　なお，上記の基準に照らした際，1年齢群・1領域で3つ以上の項目が抽出された場合には，通過率と「気になる」子どもの通過率の差が比較的大きい項目を採用した。

(4) 社会性発達チェックリスト（改訂版）の作成

　作成された「社会性発達チェックリスト（幼児版）」を2015年4月〜2016年3月まで，保育の巡回相談等で使用した結果に基づき，「社会性発達チェックリスト改訂版」を作成した（巻末付録参照）。

第3節　「気になる」子どもの社会性発達の特徴

1. 典型発達児と「気になる」子どもの年齢による違い

　「気になる」子どもの社会性発達の特徴を明らかにするために，2歳以上の典型発達児と「気になる」子どもの項目ごとの通過率の比較を行った。

　「気になる」子どもの249名の年齢別人数は表1-2に示す通りである。典型発達児については，表1-1に示す子どものうち，2歳以上の1252名を対象とした。典型発達児と「気になる」子どもの人数は計1501名である。

　社会性発達に関する調査用紙の各項目に「できる」という回答が得られた場合に1点を与え，得点化した。

　表1-3には，各領域における年齢別得点が示されている。ここで，各領域・年齢の得点は，その領域に含まれる項目10項目中平均して何項目できるかを表している。たとえば，4歳児の感情領域の得点をみると，「気になる」子どもが5.73点，典型発達児が7.48点である。これは，「気になる」子どもの場合，感情領域の10項目中平均して5.73項目でき，典型発達児の場合は平均して7.48項目できることを表している。

表1-2　「気になる」子どもの年齢・性別の人数

	2歳	3歳	4歳	5歳	6歳	合計
男児	28	40	43	52	22	185
女児	19	16	12	9	8	64
合計	47	56	55	61	30	249

表 1-3　各領域における年齢別得点（全領域）

	集団活動		子ども同士の関係		言語		認識		感情	
	「気になる」子ども	典型発達児	「気になる」子ども	典型発達児	「気になる」子ども	典型発達児	「気になる」子ども	典型発達児	「気になる」子ども	典型発達児
2歳	3.09 (1.27)	3.49 (1.40)	2.45 (1.46)	3.12 (1.66)	3.04 (1.43)	3.66 (1.12)	2.66 (1.41)	3.35 (1.23)	2.89 (2.12)	3.41 (1.45)
3歳	4.55 (1.61)	5.97 (1.49)	3.63 (1.66)	5.11 (1.72)	4.82 (1.25)	6.04 (1.31)	4.55 (1.45)	5.61 (1.44)	4.50 (1.94)	5.42 (1.77)
4歳	6.27 (1.65)	7.73 (1.30)	5.67 (1.96)	7.31 (1.27)	6.73 (1.30)	7.61 (1.12)	6.73 (1.50)	7.30 (1.12)	5.98 (2.01)	7.48 (1.59)
5歳	7.93 (1.65)	9.27 (1.05)	7.72 (1.91)	8.99 (1.11)	8.39 (1.28)	9.02 (1.08)	8.38 (1.21)	8.89 (0.98)	7.39 (1.86)	8.73 (1.34)
6歳	9.03 (1.13)	9.72 (0.56)	8.60 (1.10)	9.61 (0.63)	9.10 (1.18)	9.67 (0.59)	9.27 (0.78)	9.62 (0.61)	8.87 (1.04)	9.40 (0.99)

注．（　）内は SD

2．統計的分析

　子どもの年齢，子どものタイプによって得点の違いがあるかを知るために，統計的分析を行った。その結果，すべての領域において，年齢とともに得点が高くなることが確認された。また，すべての領域において，典型発達児のほうが「気になる」子どもよりも得点が高かった。

　統計的分析の詳細については，次の通りである。領域ごとに，5（年齢群：2歳・3歳・4歳・5歳・6歳）×2（子どものタイプ：典型発達児・「気になる」子ども）の2要因の分散分析を行い，年齢による変化と子どものタイプによる違いについて検討した。その結果，すべての領域において，年齢群の主効果が有意であった［〈集団活動〉$F=572.98$, $p<.001$, 〈子ども同士の関係〉$F=530.96$, $p<.001$, 〈言語〉$F=734.83$, $p<.001$, 〈認識〉$F=779.73$, $p<.001$, 〈感情〉$F=361.52$, $p<.001$, 自由度はいずれも（4,1491）］。すなわち，年齢とともに，できる項目数が増加していた。

　また，すべての領域において，子どものタイプの主効果が有意であった［〈集団活動〉$F=135.17$, $p<.001$, 〈子ども同士の関係〉$F=143.50$, $p<.001$, 〈言語〉$F=95.49$, $p<.001$, 〈認識〉$F=58.98$, $p<.001$, 〈感情〉$F=77.03$, $p<.001$, 自由度はいずれも（1,1491）］。すなわち，すべての領域において，子どものタイプによってできる項目の数が違っており，典型発達児のほうが「気になる」子どもよりもできる項目の数が多かった。

　さらに，〈認識〉を除く4領域において年齢群と子どものタイプの交互作用が有意であった［〈集団活動〉$F=5.72$, $p<.001$, 〈子ども同士の関係〉$F=3.15$, $p<.05$, 〈言語〉$F=2.43$, $p<.05$, 〈感情〉$F=3.40$, $p<.01$, 自由度はいずれも（4,1491）］。すなわち，典型発達児と「気になる」子どものできる項目数の差は年齢によって違っていたということである。しかし，「気になる」子どものほうが典型発達児よりもできる項目の数が多い領域はなかった。

3. 各領域の特徴

次に，領域ごとに典型発達児と「気になる」子どもの違いについて検討する。以下では，年齢ごとの得点差と典型発達児と「気になる」子どもの通過率の差が15ポイント以上になる項目（表1-4）を中心にみることにする。

(1)〈集団活動〉領域

〈集団活動〉領域では，典型発達児と「気になる」子どもの得点差は，3歳（1.42），4歳（1.46），5歳（1.34）において大きくなっていた（表1-3）。

表1-4より項目ごとに典型発達児と「気になる」子どもの通過率（「できる」という回答の割合）を比較してみると，全体としてその差が最も大きい項目は，「集中して15分程度先生の話を聞ける」（30.0ポイント差）であった。年齢別の通過率の差は，3歳で22.3ポイント，4歳で38.4ポイント，5歳で45.9ポイント，6歳で33.0ポイント「気になる」子どもの通過率が低かった。次に，「大人が終始見ていなくても，4～5人の子どもと協力して遊べる」の通過率の差が大きかった（20.1ポイント差）。とりわけ，4歳で37.1ポイント，5歳で31.5ポイント，6歳で21.8ポイント「気になる」子どもの通過率が低かった。一方，全体としては差がそれほど大きくはなかったものの「イスとりゲームなどの簡単なルール遊びができる」については，3歳で41.2ポイントと差が大きかった。

(2)〈子ども同士の関係〉領域

〈子ども同士の関係〉領域では，典型発達児と「気になる」子どもの得点差は，3歳（1.48），4歳（1.64），5歳（1.27），6歳（1.01）において大きくなっていた（表1-3）。

典型発達児と「気になる」子どもの項目通過率を比較すると，全体としては「友だ

表1-4　典型発達児と「気になる」子どもの差の平均が15ポイント以上の項目の通過率（%）

	項目	典型発達児					「気になる」子ども				
		2歳	3歳	4歳	5歳	6歳	2歳	3歳	4歳	5歳	6歳
集団活動	大人が終始見ていなくても，4～5人の子どもと協力して遊べる	1.7	18.7	68.0	95.4	98.5	0.0	10.7	30.9	63.9	76.7
	集中して15分程度先生の話を聞ける	6.5	29.4	56.6	82.0	89.7	6.4	7.1	18.2	36.1	56.7
子ども同士の関係	ブランコなど自分から順番を待つ	22.8	78.3	95.5	99.6	99.5	8.5	32.1	72.7	90.2	96.7
	自発的に他児に謝ることができる	23.1	48.9	88.1	95.8	99.5	10.6	17.9	58.2	83.6	86.7
	幼い子どもの世話ができる	4.8	23.8	61.5	89.8	93.8	0.0	10.7	36.4	63.9	86.7
	友だちと相談したり，妥協したりしながら一緒に遊ぶ	1.0	12.8	58.6	89.8	95.4	0.0	3.6	23.6	60.7	66.7
感情	いやなことをされても気持ちをおさえて「やめて」と言える	10.2	41.7	76.6	88.1	86.6	6.4	26.8	38.2	52.5	60.0
	かわいそうな話を聞くと悲しそうにする	10.9	28.1	60.2	89.1	90.7	8.5	14.3	38.2	60.7	76.7

ちと相談したり，妥協したりしながら一緒に遊ぶ」が最も大きかった（20.4ポイント差）。年齢別にみると，差は4歳で35.0ポイント，5歳で29.1ポイント，6歳で28.7ポイントであり，「気になる」子どもの通過率が低かった。次に，「自発的に他児に謝ることができる」（19.2ポイント差）については，2歳から6歳のすべての年齢において「気になる」子どもの通過率が10ポイント以上低かった。また「ブランコなど自分から順番を待つ」（全体として18.2ポイント差）は，とりわけ，3歳で通過率の差が46.2ポイントと差が最も大きくなっていた。その他，「幼い子どもの世話ができる」（16.1ポイント差）は，4歳児で25.1ポイント，5歳児で25.9ポイントであり，「気になる」子どもの通過率が低かった。

(3)〈言語〉領域

〈言語〉領域では，典型発達児と「気になる」子どもの得点差は，3歳（1.22）において大きくなっていたが，他の年齢では1.0以上の得点差はなかった（表1-3）。

典型発達児と「気になる」子どもの差が全体で15ポイント以上の項目はなかった。しかし，年齢別にみると，「『おなかがすいたらどうする？』という質問に正しく答えられる」では，3歳児において38.6ポイント，4歳児においても18.5ポイント「気になる」子どもの通過率が典型発達児よりも低かった。また，「昨日のことの話ができる」についても，3歳児において28.3ポイント，4歳児において27.3ポイント低かった。なお，「『大きい』『小さい』の両方の言葉の意味がわかる」は2歳児において，21.1ポイントの差があり，「気になる」子どもの通過率が低かった。

(4)〈認識〉領域

〈認識〉領域では，典型発達児と「気になる」子どもの得点差は，3歳（1.06）において大きくなっていた（表1-3）。

典型発達児と「気になる」子どもの差が全体で15ポイント以上の項目はなかった。項目別では，3歳において，「3つの数を復唱できる（5, 2, 4など）」（26.2ポイント差）において，典型発達児と「気になる」子どもとの差が大きかった。他の年齢では，20ポイント以上の差がみられる項目はなく，3歳において差が顕著であった。

(5)〈感情〉領域

〈感情〉領域では，典型発達児と「気になる」子どもの得点差は，4歳児（1.50），5歳児（1.34）において大きくなっていた。全体として，感情面における差は小さかったと考えられる（表1-3）。

項目通過率を比較すると，典型発達児よりも「気になる」子のほうが顕著に低かったのは「いやなことをされても気持ちをおさえて『やめて』と言える」（22.9ポイン

ト差),「かわいそうな話を聞くと悲しそうにする」(16.6ポイント差)であった。このうち,「いやなことをされても気持ちをおさえて『やめて』と言える」の差は4歳で最も差が大きく(38.4ポイント),5歳(35.6ポイント),6歳(26.6ポイント)でも「気になる」子どもは典型発達児よりも通過率が低かった。さらに,「かわいそうな話を聞くと悲しそうにする」については,4歳(22.0ポイント),5歳(28.4ポイント)と差が大きかった。いわゆる,感情の抑制,感情の言語表現,共感に関する項目において差が大きいと言える。

なお,「怒っているなど自分の感情を言葉で表せる」は,4歳で27.8ポイント,「泣くのを人に見られないようにする」は5歳で28.5ポイント,典型発達児のほうが高かった。

第4節 「気になる」子どもの特徴と社会性発達

1.「気になる」子どもの特徴

日常生活で「気になる」特徴があると保育者が感じられる子どもについては,「気になる」子どもの行動に関する14項目をチェックしてもらった。これらの項目は,本郷ら(2010)から抽出された項目であり,保育者には「気になる」「やや気になる」「気にならない」の3段階でチェックしてもらった。

「気になる」子どもの特徴を分類するために,この14項目について因子分析を行った。その結果,3因子に分かれた。どの因子にも分類されなかった2項目を除いて,12項目について改めて因子分析(主因子法,バリマックス回転)を行った結果,表

表1-5 因子分析の結果

項目	因子		
	1	2	3
"不注意・多動"			
他のことが気になって保育者の話を最後まで聞けない	.745	.142	.188
「待ってて」などの指示に従えない	.690	.315	.138
周りの子どもにつられて騒いでしまう	.644	-.050	.231
話している途中で別の話題に移ってしまう	.589	.249	.249
"コミュニケーションの困難さ"			
楽しみ,興味を他人と共有しない	-.007	.786	.122
話し言葉によるコミュニケーションが難しい	.124	.718	-.036
集団で移動する時,ついてこない	.358	.606	.028
体の動きがぎこちない	.106	.452	.062
"対人的トラブル"			
他児の行為に対して怒る	.245	-.032	.813
自分が行った行動を認めようとせず,言い訳をする	.325	-.043	.660
日によって調子の良い時と悪い時の波が大きい	.124	.200	.548

因子抽出法:主因子法,回転法:Kaiserの正規化を伴うバリマックス法

1-5に示す11項目3因子に分かれた。

　第1因子は、「他のことが気になって保育者の話を最後まで聞けない」「『待ってて』などの指示に従えない」など、注意や多動に関する項目であるので"不注意・多動"と名付けた。

　第2因子は「楽しみ、興味を他人と共有しない」「話し言葉によるコミュニケーションが難しい」などの項目からなり、"コミュニケーションの困難さ"と名付けた。

　第3因子は、「他児の行為に対して怒る」「自分が行った行動を認めようとせず、言い訳をする」などの項目からなり、"対人的トラブル"と名付けた。

　次に、"コミュニケーションの困難さ""不注意・多動"の2因子に着目し、それぞれの特徴を高群（4点以上）と低群（4点未満）分け、各領域における特徴について検討した。すなわち、次の4群に分けた。

・Hh群："コミュニケーションの困難さ"の傾向が高く、"不注意・多動"傾向が高い群
・Hl群："コミュニケーションの困難さ"の傾向が高く、"不注意・多動"傾向が低い群
・Lh群："コミュニケーションの困難さ"の傾向が低く、"不注意・多動"傾向が高い群
・Ll群："コミュニケーションの困難さ"の傾向が低く、"不注意・多動"傾向が低い群

　次に、領域ごとの特徴についてみる（図1-1）。

(1)〈集団活動〉領域

　"コミュニケーションの困難さ"と"不注意・多動"の得点が高い（とりわけ"コミュニケーションの困難さ"が高い）と、集団活動への参加が難しいことがうかがわれた。ちなみに、2元配置の分散分析の結果、"コミュニケーションの困難さ"（$F=27.11$, $df=1,245$, $p<.001$）と"不注意・多動"（$F=6.41$, $df=1,245$, $p<.05$）の主効果が得られた。

(2)〈子ども同士の関係〉領域

　"コミュニケーションの困難さ"高い群の子どもは、得点が低かった。ちなみに、2元配置の分散分析の結果、"コミュニケーションの困難さ"（$F=23.78$, $df=1,245$, $p<.001$）の主効果が得られた。

(3)〈言語〉領域

　"コミュニケーションの困難さ"高い群の子どもは、得点が低かった。ちなみに、2元配置の分散分析の結果、"コミュニケーションの困難さ"（$F=22.41$, $df=1,245$, $p<.001$）の主効果が得られた。

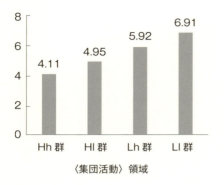
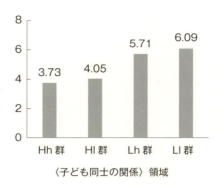
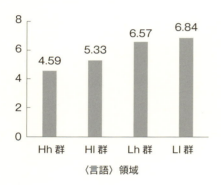
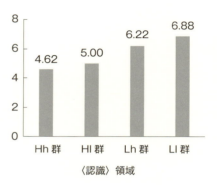
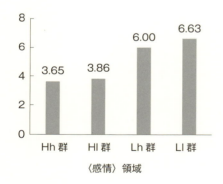

H：コミュニケーションの困難さ傾向　高
L：コミュニケーションの困難さ傾向　低
h：不注意・多動傾向　高
l：不注意・多動傾向　低

図1-1　5つの領域における群別の得点

(4)〈認識〉領域

"コミュニケーションの困難さ"高い群の子どもは，得点が低かった。ちなみに，2元配置の分散分析の結果，"コミュニケーションの困難さ"（$F=19.34$, $df=1,245$, $p<.001$）」の主効果が得られた。

(5)〈感情〉領域

"コミュニケーションの困難さ"高い群の子どもは，得点が低かった。ちなみに，2

元配置の分散分析の結果, "コミュニケーションの困難さ" (F=45.50, df=1,245, p<.001) の主効果が得られた。

以上のことから, "コミュニケーションの困難さ" の傾向は, 5つの領域すべてにおいて, 関係していた。すなわち, "コミュニケーションの困難さ" の傾向が高い群の子どもは低い群の子どもに比べて社会性発達の得点が低かった。一方, "不注意・多動" の傾向は, 集団活動領域においてのみ社会性発達の得点に影響を及ぼしていた。すなわち, "不注意・多動" の傾向が高い群は低い群に比べて, 集団参加が難しいことが示唆された。

2. 群別に特徴的な項目

次に, 4群の子どもたちに特徴的な項目についてみることにする。

項目ごとに検討した結果, "コミュニケーションの困難さ" については, 50項目中46項目において統計的な有意差があり, 高群の得点が低群に比べて低くなっていた。

また, "不注意・多動" については50項目中10項目において統計的な有意差があり, 高群の得点が低群に比べて低くなっていた。表1-6には, 統計的有意差のあった項目のうち, 高群と低群で得点の差が大きかった上位約25%項目, すなわち "コミュニケーションの困難さ" 12項目, "不注意・多動" 3項目示されている。

表1-6 「気になる」特徴によって得点差が比較的大きな項目

領域	項目	高群と低群の得点差
	"コミュニケーションの困難さ"	
集団活動	他の子とかかわりながらごっこ遊びができる	0.424
感情	怒り, 喜び, 驚き, 悲しみの表情がわかる	0.364
感情	ほめるともっとほめられようとする	0.361
感情	いやなことをされても気持ちをおさえて「やめて」と言える	0.331
子ども同士の関係	自分や友だちが作ったものをお互いに見せ合う	0.326
子ども同士の関係	幼い子どもの世話ができる	0.319
感情	怒っているなど自分の感情を言葉で表せる	0.315
言語	「おなかがすいたらどうする?」という質問に正しく答えられる	0.300
集団活動	役のつもりになってひとりでままごと遊びをする	0.296
子ども同士の関係	自発的に他児に謝ることができる	0.290
感情	かわいそうな話を聞くと悲しそうにする	0.285
感情	自分の失敗を見られないようにする	0.276
	"不注意・多動"	
集団活動	集中して15分程度先生の話を聞ける	0.302
子ども同士の関係	ブランコなど自分から順番を待つ	0.256
感情	いやなことをされても気持ちをおさえて「やめて」と言える	0.206

第5節　まとめ

1．全体的な傾向

　これまで，典型発達児と「気になる」子どもの社会性発達の特徴についてみてきた。全体として，次のようなことが明らかになった。

　第1に，典型発達児も「気になる」子どもも年齢とともに社会性発達の得点が高くなることがわかった。

　第2に，いずれの年齢群においても典型発達児の得点が「気になる」子どもの得点よりも高いことがわかった。とりわけ，〈集団活動〉〈子ども同士の関係〉〈感情〉の領域における差が大きかった。

　一方，統計的には有意であるものの，〈言語〉〈認識〉の領域における差はあまり大きくはなかった。これは，「気になる」子どもは言語・認識の領域ではあまり遅れはないことを示した本郷ら（2010）の研究結果と同様の結果であると考えられる。しかし，全体としては差が小さい〈言語〉の領域においても，3歳では比較的大きな差が認められた。この点で，子どもの年齢ごとに，集団適応に影響を与える要因が異なる可能性が考えられる。

2．各領域の特徴

　次に，各領域の特徴から検討する。

(1)〈集団活動〉領域

　「集中して15分程度先生の話を聞ける」の通過率の差にみられるように，「気になる」子どもの特徴の1つとして，注意の持続の問題がある。一方，「大人が終始見ていなくても，4～5人の子どもと協力して遊べる」の通過率は典型発達児に比べて「気になる」子どもでは低いものの，「イスとりゲームなどの簡単なルール遊びができる」の通過率の差はあまり大きくなかった（11.1％）。ここから，「気になる」子どもにとって，ルールのある遊びは，いわゆる「自由遊び」と比べて何をすればよいのかがわかりやすいため，比較的参加しやすいのではないかと考えられる。

(2)〈子ども同士の関係〉領域

　「友だちと相談したり，妥協したりしながら一緒に遊ぶ」「自発的に他児に謝ることができる」「ブランコなど自分から順番を待つ」の項目において，典型発達児と「気になる」子どもの差が比較的大きかった。このことから，ルールの理解そのものというよりも，子ども同士の相互交渉の場において，年齢にふさわしい方法で自分の意見を伝えることと同時に相手の意見を受け入れることに難しさがあると考えられる。そ

の点で，子どもの発達アセスメントにおいては，子ども同士のコミュニケーションの成立と展開，対人調整の側面についてのアセスメントが重要となると考えられる。

(3) 〈言語〉領域

典型発達児と「気になる」子どもの得点差は，他の領域に比べて小さかった。しかし，「昨日のことの話ができる」と「『おなかがすいたらどうする？』という質問に正しく答えられる」の2項目においては，とりわけ3歳児において差が大きかった。これらの項目は，「今，ここ」を答えるのではなく，昨日のことや仮定のことについて問う質問であり，「気になる」子どもは，その点についての難しさをもっていると考えられる。したがって，「気になる」子どもの発達アセスメントにおいては，目の前にない事物・事象の側面についての言語理解と表現に着目する必要があると考えられる。

(4) 〈認識〉領域

典型発達児と「気になる」子どもの得点差は，比較的小さかった。6歳では，15ポイント以上差がある項目はなかった。しかし，3歳においては，「3つの数を復唱できる」「『まえ』と『うしろ』がわかる」「10個のなかから3個とれる」「正方形を真似て描ける」の4項目において15ポイント以上の差があった。その点で，3歳児においては，「気になる」子どもの行動背景を理解する上で，とりわけ認識の発達に注目する必要があると考えられる。

(5) 〈感情〉領域

「いやなことをされても気持ちをおさえて『やめて』と言える」，「かわいそうな話を聞くと悲しそうにする」など，情動抑制，情動の言語表現，共感といった点について違いがみられた。一般に，「気になる」子どもの場合，とりわけ情動抑制の面に着目されることが多いが，抑制だけではなく，情動の言語表現や共感といった側面について子どもの特徴を捉えることが重要となる。

3. 今後に向けて

一般に，保育の場における「気になる」子どもに共通する特徴としては，集団適応の難しさがあげられる。しかし，個々の「気になる」子どもの示す行動特徴はさまざまである。また，同じような行動特徴を示したとしても，その背景は異なると考えられる。したがって，「気になる」子どもを理解するためには，その子どもの表面的な行動だけではなく，その背景を理解する必要がある。とりわけ，社会性発達チェックリスト（改訂版）を作成する過程において，〈集団活動〉における注意，〈子ども同士

の関係〉における対人調整，「今，ここ」にない側面についての言語理解と表現，情動の諸側面のアセスメントが重要であることが示唆された。

　また，保育の場においては，その様な子どものアセスメントの結果に基づき，子どもに対する個別の支援計画を立案し，対象児や対象児を取り巻く他児に対する実際の働きかけを行うことによって，対象児の発達と適応を促すことが求められる。今後，保育の巡回相談のなかで，心理士等の専門家が社会性発達チェックリスト（改訂版）を活用することによって，子どもの理解に基づく支援が進むことが期待される。さらに，このチェックリストは，「気になる」子どもだけではなく，クラスのそれぞれの子どもの社会性発達の特徴を捉えることに利用できる。その点で，クラスの典型発達児と「気になる」子ども両方の特徴を理解し，それに基づく保育計画を立案していくことによって，「気になる」子どもだけでなく，クラス全体の子どもの発達が促進されることが期待される。

第2章 社会性発達チェックリスト（改訂版）の項目とその意味

　ここでは，社会性発達チェックリスト（改訂版）を構成する5つの領域（集団活動，子ども同士の関係，言語，認識，感情）について，各領域の概要と10項目の対応年齢，項目内容，実施方法，判定基準，解説について述べていく。社会性発達チェックリスト（改訂版）では，各項目について，「できる」（○）と回答された子どもの割合を項目通過率として，典型発達児を対象に6か月ごとに通過率を求めている。そこで各項目の通過率をもとに50％以上の子どもがその項目に通過している年齢を対応年齢とした。

　社会性発達チェックリスト（改訂版）は主として2歳から6歳までの子どもに適用できる。チェックリストの記入は，日常的に子どもとかかわっている保育者が行い，子どもの年齢にかかわらず，すべての項目についてチェックする。明らかにできるものや過去においてできたものは○印を，明らかにできないものやできたりできなかったりするものは×印をつける。なお，日常生活の様子から確認できない項目については，改めて確かめてみることが必要である。

第1節　集団活動

1.〈集団活動〉領域の概要

　〈集団活動〉領域は，家庭での親子関係といった小さな社会集団だけでなく，保育所・幼稚園・認定こども園における子ども集団などの社会集団において子どもは周囲の他児とかかわりながら遊んだり活動を行ったりすることができるのかを確認する項目で構成されている。以下に各項目の対応年齢，確認方法，判定基準，解説を述べる。

2. 各項目について
(1) 朝の集まりなどで名前を呼ばれたら返事ができる

　　1歳（1歳6か月～1歳11か月の通過率は95.5％）

確認方法	朝の集まり場面において，1人ずつ名前を呼ばれた際の様子を観察する。
判定基準	自分の名前を呼ばれたら返事ができれば○。ただし他児の名前が呼ばれた際にも返事をしている場合は×。
解　　説	1歳前から名前を呼ぶと笑うようになるが，この頃は誰の名前に対しても笑う様子が見られる。1歳になると誰の名前に対しても「はい」と返事をしてしまうが，1歳2か月頃になると次第に自分の名前にのみ「はい」と返事をするようになる。このように，家族や保育者から繰り返し名前を呼ばれる経験を通して自分の名前への理解が進むと，他児の名前の理解も進み始める。

(2) 集団で簡単な手遊びができる

対応年齢	1歳（1歳6か月〜1歳11か月の通過率は95.5％）
確認方法	集まり場面などで，保育者が「ひげじいさん」などの手遊びをしてみせた際，手の動きや歌の流れをまねする様子を観察する。
判定基準	保育者の手遊びの手の動き（「ひげじいさん」の場合は「ひげ」の動作など）をまねたり，歌に遅れながらも動作についてきたりすれば○。
解　　説	保育者が「ひげじいさん」などの手遊びをしてみせても，1歳頃はまだ動作をまねることができないが，1歳半頃になると不完全ながらも「トントントントン」「ひげじいさん」などの手の動きをまねすることができる。2歳になると「トントントントン，ひげじいさん」といった歌の流れに対応しながら手の動きをまねすることができるようになる。

(3) 役のつもりになって1人でままごと遊びをする

対応年齢	2歳（2歳6か月〜2歳11か月の通過率は68.3％）
確認方法	子どもが一人遊びをしている時などを観察し，お母さん（お父さん）の役になって1人で遊ぶことができるかを確認する。
判定基準	お母さん（お父さん）の役になって1人で遊べば○。
解　　説	2歳頃になると，日常生活のなかで大人が行っているさまざまな行動をイメージし，再現することができるようになる。親が携帯電話で話をする様子をまねる（ふり）など今ここにない過去の経験をイメージして再現したり，積木を自動車に見立てるなど今ここにない物のイメージを他の物で再現したりし始める。このことから，母親の役のつもりになって人形のお世話をするなどの様子が見られるようになる。

(4) ロープなどがなくても列になって移動できる

- **対応年齢** 2歳（2歳6か月〜2歳11か月の通過率は58.3%）
- **確認方法** 集団で移動する時に子どもを観察し，ロープなどの補助がなくても，列になって移動ができるかを確認する。
- **判定基準** ロープなどの補助がなくても，列になって移動することができれば○。
- **解　　説** 2歳頃になると体の重心のコントロールができるようになるため，遊びのなかで走る，よじ登るなどができる。さらに2歳半頃になると両手をあげて重心のバランスをとることができるようになるため，飛んだり，うしろ向きに歩いたり，保育者について一列になって歩いたりすることができるようになる。しかし子どもだけで手をつないだまま移動をすることは難しい。

(5) 他の子とかかわりながらごっこ遊びができる

- **対応年齢** 3歳（3歳0か月〜3歳5か月の通過率は86.9%）
- **確認方法** 子どもが他児とごっこ遊びをしている時などを観察し，お母さん役，お父さん役など役割分担をしながら他児とごっこ遊びをすることができるかを確認する。
- **判定基準** お母さん役，お父さん役，店員役など役割分担をしながら他児とごっこ遊びをすることができれば○。
- **解　　説** 2歳後半から3歳頃になると，料理を作る・配膳をする・ご飯を食べる・片付けるといった日常の決まった手順のエピソードをいくつか組み合わせて，流れのあるごっこ遊びを行うことができるようになる。また他児とのかかわりが増えるなかで，他児と「おみせやさんごっこ」などとテーマを共有しつつ，お母さん役などの役割を分担しながら一緒にごっこ遊びをすることができるようになる。

(6) イスとりゲームなどの簡単なルール遊びができる

- **対応年齢** 3歳（3歳0か月〜3歳5か月の通過率は59.8%）
- **確認方法** 子どもが他児とイスとりゲームなど簡単なルールのある遊びをしている時に観察し，ルールに従って他児と一緒に遊ぶことができるかを確認する。
- **判定基準** ルールに従って他児と一緒に遊ぶことができれば○。
- **解　　説** 0歳頃の「いないいないばあ」などのあやし遊び，6か月頃の「ちょうだい－ありがとう」のように物を介した3項関係の遊び，2歳頃の「ひげじいさん」のように保育者や他児と動作を共有して遊ぶ共有遊びと

いったように，動作やイメージを共有する相手が2項から3項・多項へと広がっていく。そのため3歳になると，保育者や他児とイスとりゲームなどの簡単なルールを共有する遊びが可能になる。

(7) 大人が終始見ていなくても，4～5人の子どもと協力して遊べる

対応年齢	4歳（4歳0か月～4歳5か月の通過率は58.6％）
確認方法	子どもが他児と集団遊びをしている時などを観察し，保育者の動きや子ども間のいざこざなどの様子を確認する。
判定基準	保育者が終始見て援助しなくても，4～5人の子どもたちがトラブルにならずに一定時間遊ぶことができれば○。
解　説	4歳になると，自己主張，自己抑制，自他調整などの自己調整機能の発達が始まるため，「貸して」などと他児に依頼することで物を手に入れようとしたり，「順番ね」などと他児にルールを促してトラブルを回避したりするなど，自分の力でいざこざを終結させることができるようになる。そのため，保育者などの大人が終始見ていなくても，複数の子どもとトラブルにならずに協力して遊ぶことができる。

(8) 集中して15分程度先生の話を聞ける

対応年齢	4歳（4歳6か月～4歳11か月の通過率は71.2％）
確認方法	集まり場面や絵本の読み聞かせ場面など，子どもが集団で集まり保育者の話を聞く場面を観察する。
判定基準	保育者の話を15分程度集中して聞くことができれば○。
解　説	4歳になると，活動から活動への移行や活動の流れ（スクリプト）を理解できるようになるため，集まりの準備へスムーズに移行し，着席したままイスから動かずにいられる子が全体的に増える。そのため，一度着席したイスから動く子どもが目立つようになるため，周囲の子どもの状況の変化から「集まりの時にはイスに座り続けて保育者に注意を向ける」ことが子どもたちに理解されるようになっていく。

(9) 自分たちで作ったお話でごっこ遊びをする

| 対応年齢 | 5歳（5歳0か月～5歳5か月の通過率は73.0％）|
| 確認方法 | 子どもが他児とごっこ遊びをしている時を観察し，絵本やテレビの話を取り入れたりして，自分たちでお話を作ってごっこ遊びをすることができるかを確認する。|
| 判定基準 | 絵本やテレビの話を取り入れたりして，自分たちでお話を作ってごっ

こ遊びをすることができれば〇。

解説 4歳頃になると自分と他児の気持ちが異なることを理解するようになるため，ごっこ遊びのイメージを他児に言葉で伝えて共有するようになる。5歳になると自分の考えと他児の発言をつなげて会話をすることができるようになり，自分の考えや他児のアイデアを盛り込みながら，今ここにない経験や前の日に見たテレビの話などをもとに，より創造的なごっこ遊びを展開するようになる。

(10) 自分たちだけで集団でルール遊びができる

対応年齢 5歳（5歳0か月～5歳5か月の通過率は70.2％）

確認方法 子どもが他児と集団遊びをしている時などを観察する。

判定基準 保育者の援助がなくても，鬼ごっこなどのルール遊びを集団ですることができれば〇。

解説 4歳半から6歳にかけて他児が自分と異なる考えをもっていることを理解することができるようになる。また5歳になると，遊び場面においてどちらが先に道具を使っていたか，日頃どのようなルールで遊んでいるか，相手は年下か同い年かなど，状況に合わせて自己主張，自己抑制，自他調整を使い分けることができるようになる。このことから，5歳後半になると複数の子どもだけでルール遊びを行うことができるようになる。

第2節 子ども同士の関係

1.〈子ども同士の関係〉領域の概要

〈子ども同士の関係〉領域は，同い年の子どもとの関係（ヨコの関係）や年下（年上）の子どもとの関係（ナナメの関係）における，1対1関係のなかで観察される子どもの対人行動に関する項目によって構成されている。大人が子どもに配慮をしてくれる大人との関係（タテの関係）と異なり，ヨコやナナメの関係では互いの欲求がぶつかり合うため，子ども同士のいざこざが起こりやすい。しかし，子どもは時に保育者の援助を得ながら，他児とのやり取りを通して他児とのかかわり方を理解し，そのスキルを発達させていく。以下に各項目の対応年齢，確認方法，判定基準，解説を述べる。

2. 各項目について

(1) 友だちのまねをする

対応年齢 1歳（1歳6か月～1歳11か月の通過率は84.8％）

確認方法	子ども同士がそばにいる場面において，他児の行動のまねをするかを観察する。
判定基準	そばにいる友だちに興味を示し，自発的にまねをするようであれば○。
解説	保育所・幼稚園・認定こども園などでは個別の名前で呼ばれるだけでなく，「うさぎ組さん」のようにクラスの名前で呼ばれることが多くみられる。この経験により，自分がクラスの一員であることを意識するようになり，同じクラスの他児へ親しみをもつようになる。このことから，他児へ興味をもったり，他児の行為を模倣したりするようになる。

(2) 幼い子どもを見ると近づいていって触る

対応年齢	1歳（1歳6か月〜1歳11か月の通過率は63.6%）
確認方法	異年齢の子ども同士がそばにいる場面において，幼い子どもに興味を示し，自発的に近づき触ろうとするかを観察する。
判定基準	幼い子どもに興味を示し，自発的に近づき触ろうとすれば○。年齢が高い子どもの場合，「かわいいね」などと言いながら興味をもって近づくようであれば○。
解説	1歳頃の子どもは，日常生活のなかで「いないいないばあ」のような情緒的なやり取りや役割交代を行う遊びを通して，自他の区別を認識するようになる。また，保育所・幼稚園・認定こども園などでの他児とのやりとりを通して他児への興味が芽生えると，同じクラスの他児だけでなく異年齢の他児の存在に興味をもつようになり，自分より幼い子どもに近づいて触れたり，他児に抱きつこうとしたりするなどして親愛を示すようになる。

(3) 友だちとけんかをすると言いつけにくる

対応年齢	2歳（2歳6か月〜2歳11か月の通過率は70.5%）
確認方法	子ども同士の物の取り合いやけんかなどのいざこざ場面後の子どもの様子を観察する。
判定基準	友だちとのけんかやいざこざについて，それを保育者に言葉で言いつけにくるようなことがあれば○。ただ泣くだけであったり，具体的に言葉で状況を訴えなかったりする場合は×。
解説	1歳の子どもは不快な場面などで自分の情動をまだ十分調整することができないため，子ども同士のいざこざ場面や遊びのなかで困った際に，保育者に言葉で伝えることができず，保育者に向かって泣く様子が見られる。しかし2歳になると次第に情動調整を行うことができる

ようになるため，いざこざ場面や思うようにならない場面に直面すると，泣かずに言葉で自己主張をしたり，保育者に言いつけに来たりすることができるようになる。

(4) 自分や友だちが作ったものをお互いに見せ合う

対応年齢 2歳（2歳6か月～2歳11か月の通過率は58.3％）

確認方法 新聞紙を丸める，たまごのパックをつぶすなど，簡単な製作を行っている際に，子どもと他児とのかかわりの様子を観察する。

判定基準 自分の作ったものなどを他児に見せたり，他児の作ったものを見に行ったりしていれば○。

解説 自己認識の発達に伴い1歳頃までに自他の区別を認識するようになると，他児の存在に興味をもつようになる。さらに1歳前半にはおもちゃなどの物を介して親とやりとりを行うといった3項関係が獲得される。このことから，他児への関心に加えて他児の持っているおもちゃや他児が作った物へ関心をよせるようになり，物を介して他児とやりとりを行うようになる。

(5) ブランコなど自分から順番を待つ

対応年齢 3歳（3歳0か月～3歳5か月の通過率は72.0％）

確認方法 ブランコや鉄棒などの遊具で遊んでいる際に，自分から列に並んで順番を待つことができるかを確認する。

判定基準 保育者の働きかけがなくても，列に並んで順番を待つことができれば○。

解説 3歳頃になると，順番を守らないなどのルール違反に対して「ずるい」などと抗議をし，順番のルールを使用するようになる。このことから，保育者の働きかけなくとも列に並んで順番を待つようになる。しかし，ルールとして理解していても，自分の欲求が優先されてしまうなどして必ずしも次の順番の交替が実現しない様子もまだ見られる。

(6) 自発的に他児に謝ることができる

対応年齢 3歳（3歳6か月～3歳11か月の通過率は60.2％）

確認方法 子ども同士の物の取り合いやけんかなどのいざこざ場面後の子どもの様子を観察する。

判定基準 他児とトラブルになっても，自分が悪いと思ったら保育者の援助なしに自分から謝ることができれば○。

解説 1歳半頃に他児の頭をなでる謝罪が，2歳になると「ゴメンネ」など

の言葉による謝罪がみられるようになるが，保育者の模倣や保育者の介入による謝罪であることが多い。3～4歳頃には「大人に怒られたくない」という気持ちから自発的に謝罪するようになるが，さまざまな場面で謝罪を経験することで，どのような場面で謝るべきかを理解するようになる。

(7) 幼い子どもの世話ができる

対応年齢	4歳（4歳0か月～4歳5か月の通過率は54.1％）
確認方法	年下の子どもと混在して遊んでいる自由遊び場面や，年下の子どものクラスなどに行った時の子どもの様子を観察する。
判定基準	年下の子どもに対して自発的に世話をしたり，かわいがろうとしたりする態度がみられれば○。
解　　説	3歳頃になると物語の登場人物の性格などを区別するようになり，4歳以降になると他児の性格や行動特徴について述べることができるようになる。このことから，自分と幼いきょうだいなどの違いについて理解して，年下の他児を気遣いながら手を引いて歩いたり，トイレの手伝いをしたりと，具体的に世話をすることができるようになる。

(8) 友だちと相談したり，妥協したりしながら一緒に遊ぶ

対応年齢	4歳（4歳6か月～4歳11か月の通過率は73.0％）
確認方法	複数の子どもと遊んでいる自由遊び場面において，子ども同士のやりとりの様子を観察する。
判定基準	保育者の援助がなくても，自分の意見を主張したり，友だちの意見を取り入れたりして，友だちと意見が異なっても話し合いをしながら調整し一緒に遊ぶことができれば○。
解　　説	4歳になると自己調整機能（自己主張，自己抑制，自他調整）の発達により，いざこざ場面で自己主張をするようになる。さらに5歳になるとたんに自己主張を行うのではなく他者が先に物を所有している場面では依頼する，対等な場面ではお互いが物を使えるように自他調整を行うなど，状況に合わせて使い分けるようになる。このことから，保育者の支援がなくとも友だちと相談したり，妥協したりしながら一緒に遊ぶことができるようになる。

(9) ジャンケンで順番を決める

| 対応年齢 | 5歳（5歳0か月～5歳5か月の通過率は81.6％） |

|確認方法| 複数の子どもと遊んでいる自由遊び場面において，遊具や道具の使用をめぐって取り合いや順番を決める際の子ども同士のやりとりの様子を観察する。
|判定基準| 保育者の援助がなくても，ジャンケンを理解し，ジャンケンの勝ち負けにより順番を決めることができれば○。
|解　説| 4歳になると自己調整機能（自己主張，自己抑制，自他調整）が発達し始めるために，いざこざの解決策として「ジャンケン」を利用するようになる。しかし，「いざこざの公平な決定手段」というよりは自分の主張を通すために用いているため，相手に強く要求されると妥協してしまう。5歳になると，次第に「ルールは従うもの，ルール違反は非難されるもの」という理解ができるために他児が無理に要求を通そうとすると「誰が決めたの？」などと異議を唱える様子が見られるようになる。

(10)「しちならべ」などのトランプ遊びができる

|対応年齢| 5歳（5歳6か月～5歳11か月の通過率は51.4%）
|確認方法| 数人でトランプを使って遊ぶルール遊び場面を観察する。
|判定基準| 「しちならべ」のような，ルールがあり数人でするトランプ遊びを行う際に，ルールを理解して，そのルールを守りながら子ども同士で遊ぶことができれば○（「ババ抜き」ができても○ではない）。
|解　説| 4歳になると鬼ごっこにみられる役割交代の理解が，5歳にはババ抜きなどの競争や勝ち負けのルールの理解が可能になる。また4歳半から6歳にかけて，自分と他者の考えの違いや，見かけの感情と本当の感情の違いを理解できるようになる。そのため，他者の気持ちを予想したり，自分の気持ちを抑制したりしながら数人でババ抜きを行うことができるようになる。一方，しちならべはよりルールが複雑であり，ルールの改変なども行うことができるため，より上位の年齢にならないと難しく，5歳後半頃になるとできるようになる。

第3節　言語

1.〈言語〉領域の概要

　〈言語〉領域は，語の意味や概念についての理解を表す「言語理解」と，語を実際に発話する，語を使って会話をするといった「言語発話」といった2つで構成されている。以下に各項目の対応年齢，確認方法，判定基準，解説を述べる。

2. 各項目について

(1) 1語文を話せる

対応年齢	1歳（1歳6か月～1歳11か月の通過率は81.8%）
確認方法	子どもを観察し，子どもが「マンマ」などの1語を文のように使っているかを聞き取る。たとえば，保育者に対して「マンマ」と言ったり，お昼などの食事の際に「マンマ」と言ったり，手を伸ばしておもちゃなどをほしがりながら「マンマ」というなど，1語を文のように使うか確認する。親や他の保育者からの聴取でもよい。
判定基準	「マンマ」などの語を文のように使っていれば○。「ニャンニャン」などの語を犬など他の動物に使うといった語の適応範囲を拡張している（語の拡張使用）場合は含めない。
解説	1歳頃になると，子どもは意味のある語（初語）を発するようになる。発する語の数が増えたり減ったりしながら次第に語の数が50語程度に定着し，普通名詞（身体部位・動物の名前・食べ物など），「チョウダイ」などの会話語，「パパ」「ママ」などの人を表す語を発するようになる。語が定着すると，「パパ」のような1語を使って「パパ　トッテ」「パパ　イルネ」のようにあたかも文のように語彙を使う，1語文がみられる。

(2) 物の名前を3つ以上言える

対応年齢	1歳（1歳6か月～1歳11か月の通過率は56.1%）
確認方法	絵本を子どもの目の前に置く。絵本に描かれている物の絵（犬などの動物，りんごなどの食べ物，はさみなどの道具など）を見せ，「この絵をよく見てください」「これは何ですか？」と指さしながら質問する。
判定基準	指示した物の名前を3つ以上言うことができれば○。ただし，幼児語（「ニャンニャン」など）で答えた場合，物の用途（「切るもの」など）で答えた場合，部分を答えた場合（草をさしたら「葉っぱ」と答えるなど）は×。
解説	子どもは「ポンポン（おなか）」などの幼児語，「ありがとう」などの会話語，食べ物，動物の名前などの普通名詞，「食べる」などの動作語を理解できるようになる。また，この頃から物には名前があることを理解するようになり，物を指さしながら「（これ）何？」のような発話が現れるようになる。このことから，この項目では普通名詞について大人が絵本のなかの物を指さしながら「これは何ですか？」などと質問し，語彙の理解について確認する。

(3) 2語文を話せる（「ママ　ミルク」など）

- **対応年齢** 2歳（2歳0か月〜2歳5か月の通過率は86.5%）
- **確認方法** 子どもを観察し，子どもが「ママ　ミルク」「アメ　ホシイ」などの2語文を話しているか聞き取る。親や他の保育者からの聴取でもよい。
- **判定基準** 自発的に「ママ　ミルク」「ワンワン　キタ」など2語文を話すことができれば◯。「（ブランコに）ノンノ　ノンノ」などのように同じ語の繰り返しは×とする。
- **解　　説** 2歳になると「コレ　ウサギ」「パパ　キタ」「ママ　ミルク」のように助詞を使わずに2語をつなげた発話（2語文）を話せるようになる。このような2語文は名詞と動詞を組み合わせた構造をしており，その後の文法獲得の基礎となる。

(4)「大きい」「小さい」の両方の言葉の意味がわかる。

- **対応年齢** 2歳（2歳6か月〜2歳11か月の通過率は74.8%）
- **確認方法** 子どもの前に紙を置き，紙にペンなどで大きい丸と小さい丸を左右に配置して描いて見せる。そして，「大きい◯はどれ？」「小さい◯はどれ？」と聞く。
- **判定基準** 質問に対して，それぞれ正しく指さしで答えることができれば◯。
- **解　　説** 2歳になり，使用する語彙の数が増加して100を超えると，普通名詞だけでなく「ねんね」「エンエン」などの動作語や，「ない」「大きい」などの様子や性質を表す語（形容詞）の発話が増加し，これらの語の理解が深まる。このことから，この項目では「大きい丸はどれ？」などと質問することで，「大きい」「小さい」といった丸の大小の性質を理解しているかを確認する。

(5)「おなかがすいたらどうする？」という質問に正しく答えられる（正答例「ごはんを食べる」）

- **対応年齢** 3歳（3歳0か月〜3歳5か月の通過率は74.8%）
- **確認方法** 子どもに対して「おなかがすいたらどうする？」「ねむくなったらどうする？」などと質問する。
- **判定基準** ①「おなかがすいたらどうする？」の場合，「ごはんを食べる」「おやつを食べる」など空腹を満たすことのできる方法を答えられれば◯。「がまんをする」のように空腹を満たすことができず解決策になっていない場合は×。
②「ねむくなったらどうする？」の場合，「ねる，ねんねする，おひるねする，ふとんしく，パジャマをきる」と答えた場合は◯。「先生に言

う」と答えた場合,「何て言いますか？」と再質問をする。「泣く，困る，ねむくない」「おふとん，パジャマ」は×。

| 解説 | 3歳になると,「オヤツ　ガ　デキタ」のような2語をつなぐ助詞の使用が増える。発話する文の長さが次第に長くなっていき,「ママト　ヤルノ　コレ」などの3語文や「サムイノニ　ハダカニナッテル　オカシイネ」などの多語文を話すようになる。さらに,過去の自分の経験や自分や他者の行動などについて説明できるようになる。そこでこの項目では「おなかがすいたらどうする？」などと質問することで,自分の経験をもとに説明できるかを確認する。

(6)「強い」「弱い」の両方がわかる

| 対応年齢 | 3歳（3歳6か月〜3歳11か月の通過率は75.8％）
| 確認方法 | 子どもの正面に座り,「今から手をたたきます。どちらが強いか，弱いか，よく聞いていてね。」という。保育者が「1番（手を強く叩く）」「2番（手を弱く叩く）」と言って2つの動作をした後,「どっちが強い？どっちが弱い？」と質問する。太鼓などを使って同じ動作をしてもよい。
| 判定基準 | 「1番（さいしょ・はじめ）」などと強くたたいた方を答えれば○。
| 解説 | 3歳になると,動詞や形容詞の使用が増え,「熱い・寒い」「強い・弱い」「早い・遅い」などの対義語を理解し始める。そこで,この項目では「どっちが強い？　どっちが弱い？」と質問することで,「強さ・弱さ」といった形容詞の性質を理解しているかを確認する。

(7) 昨日のことの話ができる

| 対応年齢 | 4歳（4歳0か月〜4歳5か月の通過率は83.5％）
| 確認方法 | 保護者が「昨日園で何をしましたか？」と子どもに質問した時,保育園・幼稚園・認定こども園で見たり，聞いたり，活動したりしたことを話しているかを聞き取る。保育者が「昨日おうちで何をしましたか？」と子どもに質問し,子どもが家で見たり，聞いたり，活動したりしたことを話した場合でもよい。
| 判定基準 | 保護者に聞き取った場合,自宅で見たり，聞いたり，活動したりしたことを話していると報告があれば○。保育者が子どもに質問した場合,子どもが家で見たり，聞いたり，活動したりしたことを話せば○。
| 解説 | 4歳前半になると,目の前に具体物や手がかりがなくとも,「じゃなくて」などを使い自分の話を訂正しながら,過去の話を正確に説明できるようになる。そこで,この項目では昨日あった出来事について質問

することで，今ここにない記憶の手がかりを使って過去の話を説明できるかを確認する。

(8) 3つぐらいの花の名前が言える

対応年齢 4歳（4歳6か月〜4歳11か月の通過率は54.1%）

確認方法 「お花の名前を3つ教えてください」「鳥の名前を3つ教えてください」などと質問する。

判定基準 質問した物の名前を3つ答えることができれば○。絵本の絵や園庭などにある実物を見ながら言ってもよい。名前が重複したものは含めない。

解　説 文字に興味をもち，物の名前を覚えたり，物語を読むのを好むようになったりなど，言葉にかかわる活動に興味をもち，読み書きができるようになる。「〜は何？」と質問し言葉の意味を尋ねたり，「どうして？」と質問し物事の原因や理由を尋ねたりするようになる。これに伴い，花の名前や鳥の名前など，物の名前を記憶し答えることができるようになる。

(9) なぞなぞ遊びができる

対応年齢 5歳（5歳0か月〜5歳5か月の通過率は66.7%）

確認方法 「たぬきの宝箱は何が入っている？（からばこ）」「つめたいイスって何？（アイス）」「話すのがとても好きな道具は何？（しゃべる）」のように，答えやすい簡単ななぞなぞを出す。

判定基準 答えとして当てはまれば○。

解　説 文字の読み書きがかなりできるようになったり，「今，ここ」をはなれて相手の発話から物の名称や言葉の意味概念，状況などを結びつけて考えることができるようになったりする。そのため，3歳児は「つめたくて甘いものは何？（アイス）」のような単純ななぞなぞ遊びを出すと，答えを当てるというよりは答えること自体を楽しむのに対し，5歳になると互いに難しいなぞなぞを出し合い，正答できることを楽しむことができるようになる。

(10) 金曜日の前の曜日が言える

対応年齢 5歳（5歳6か月〜5歳11か月の通過率は63.2%）

確認方法 「金曜日の前の日は何曜日ですか？」「火曜日の前の日は何曜日ですか？」のように，前の日の曜日を質問する。

判定基準 「木曜日（木曜）」「月曜日（月曜）」と答えられれば○。「きのう」など

と答えた場合は,「その日は何曜日ですか」と聞き直す。

解説 年・月・週・曜日・季節など繰り返しのサイクルをもつ時間概念の理解には,「1番め・2番め」などの順序を表す序数詞の理解が必要となる。序数詞の理解は5歳から可能となるため,5歳後半になると,日時や時間といった時系列について理解し述べることができるようになる。

第4節 認識

1.〈認識〉領域の概要

〈認識〉領域は,自己の体の部位の理解を基礎として子どもを取り巻く事物や人とのかかわりのなかで獲得される「自己の理解」,自分の手指を上手に運動させながら興味のある事物を動かすことのできる「手指の操作」,自己の体を中心とした左右前後などの意味が表す概念の違いの理解にかかわる「空間概念の理解」,具体的な事物と対応させて数の増減を理解したり,具体的な事物から離れて数の大小などの抽象的な世界を理解したりすることができる「数の理解」といった4つで構成されている。以下に各項目の対応年齢,確認方法,判定基準,解説を述べる。

2.各項目について

(1) 目,鼻,口,耳がわかる

対応年齢 1歳(1歳6か月～1歳11か月の通過率は81.8%)

確認方法 「あなたの目はどれですか?」「あなたの鼻はどれですか?」などと質問する。答えられない場合は,「あなたの目はどこにありますか?」のように質問し直す。

判定基準 それぞれ指でさす,その部分を触るなどして正しく答えられれば○。保育者の身体部位を指さすなどした場合は×とする。

解説 子どもは乳児期から自分の手を動かす・ガラガラを振るといった運動を繰り返したり,親との「いないいないばあ」のような情緒的なやり取り遊びをしたりすることで,自分と周囲の物・人との区別や自己の身体を認識するようになる。そのため,1歳頃に「あなたの耳はどれですか?」などと質問されると,自分の耳を触ることができるようになる。最初は片耳を1つしか触らないが,次第に順番に右耳・左耳と指すようになり,最後には両手で両耳を触るなどして示すことができるようになる。

（2）絵本を見て知っているものを指させる

対応年齢　1歳（1歳6か月〜1歳11か月の通過率は92.4％）

確認方法　絵本を子どもの目の前に置く。絵本に描かれている物の絵（犬などの動物，りんごなどの食べ物，はさみなどの道具など）を見せ，「この絵をよく見てください」「ワンワンはどれ？」などと質問する。

判定基準　絵本のなかの絵を正しく指さしができれば○。

解　　説　子どもは1歳半頃から身近な物には名前があることを理解するようになり，知っている物を指さしながら「（これ）ニャンニャン」のように指し示すことができるようになる。このことから，この項目では大人が絵本のなかの物について「ワンワンはどれ？」などと質問し，自分の知識と絵本のなかの事物とを結びつけて理解することができるかを確認する。

（3）グルグルとらせん状に描いた円を真似て描ける

対応年齢　2歳（2歳0か月〜2歳5か月の通過率は54.8％）

確認方法　白い紙を子どもの前に置き，鉛筆やクレヨンを持たせる。保育者が鉛筆などを持ち，グルグルとらせん状の線を描いてみせ，「これと同じものを描いてごらん」と言う。描かない場合は，同じように線を描いて見せ，繰り返し言う。

判定基準　同じようにらせん状に描くことができれば○。

解　　説　10か月頃からクレヨンを5本の指と手のひらを使いにぎってなぐり書きをするようになり，保育者の腕の動きをまねて描くといった様子が見られる。1歳になると保育者の発した「グルグル」といった擬音なども手がかりにしたり，保育者の描いたらせん状の円をみたりして，まねて描くようになる。さらに2歳になると，鉛筆やクレヨンを2〜5本の指を使ってコントロールして描くことができるようになるため，保育者の描く見本をまねてグルグルとらせん状に描くことができるようになる。

（4）3つの数を復唱できる（5・2・4など）

対応年齢　2歳（2歳6か月〜2歳11か月の通過率は56.1％）

確認方法　「これからいくつか数字を言います。よく聞いて，私が『はい』と言ったら，私の言った通りに言ってごらん。」と子どもに話して，「5・2・4」と1つずつ言い，「はい」といってから復唱させる。続けて「6・8・3」「7・1・4」も同じように復唱させる。

| 判定基準 | 「5・2・4」「6・8・3」「7・1・4」の3つのうち，2つ正しく復唱できれば○。 |
| 解　説 | 子どもは1歳頃までに4個くらいの物を記憶することができるようになる。また日常生活を通して数に触れることが多くなり，お風呂場面で親が1から10まで唱えると数詞の一部を模倣して唱える様子が見られる。2歳半以降になると一連の数詞を「いち，に，さん」のように1つの言葉であるかのように唱えることができるようになる。このことから，3歳近くになると「5・2・4」のように3つの数詞を復唱できる。 |

(5) 「まえ」と「うしろ」がわかる

対応年齢	3歳（3歳0か月〜3歳5か月の通過率は66.4％）
確認方法	「『まえ』というのはどちらのほうのことでしょう。指でまえのほうをまっすぐ指してごらん。」と質問する。「『うしろ』というのはどちらのほうのことでしょう。指でうしろのほうをまっすぐ指してごらん。」と質問する。指差しをしない場合は，繰り返し言う。
判定基準	自分の「まえ」と「うしろ」をそれぞれ指さすことができれば○。
解　説	自己の体を中心とした「うえ・した」の理解は3歳児頃から，「まえ・うしろ」の理解は3歳児後半頃から可能になる。「みぎ・ひだり」の理解は4歳後半頃から見られるようになり，5歳以降に多くの子どもが可能になる。

(6) 10個のなかから3個とれる

対応年齢	3歳（3歳0か月〜3歳5か月の通過率は50.5％）
確認方法	積み木などを子どもの目の前に10個置く。子どもに「このなかから積み木を3つとってください」と言う。
判定基準	確実に3個とれれば，○。
解　説	子どもは2歳頃から一連の数詞を「いち，に，さん」のように順番に唱えることができるようになり，3歳頃までに物と数が1対1対応をすること，数には順序があること，物を「いち，に，さん」と数えると最後の数が物の数の大きさを表すことなどを理解するようになる。このように，数の理解が進むと「10個の積木のなかから3つの積木を取る」といったような数の理解が可能になる。

(7) 正方形を真似て描ける

| 対応年齢 | 4歳（4歳0か月〜4歳5か月の通過率は55.6％） |
| 確認方法 | 白い紙を子どもの前に置き，鉛筆やクレヨンを持たせる。保育者が鉛 |

筆などを持ち，正方形を描いてみせ，「これと同じものを描いてごらん」と言う。描かない場合は，同じように描いて見せ，繰り返し言う。

判定基準 同じように正方形を描くことができれば○（正方形の大小は問わない。4隅がすべて直角であり，3か所線がつながっていればよい）。

解　説 3歳前半は保育者の描く丸や3角を模倣して描いても，途中で模倣できなくなり線が最後までつながらない「開いた図形」となる。3歳後半になると，図形の向きの違いを理解することができるようになるため，閉じた図形を描くようになり，角らしい部分がみられるようになる。また3歳から4歳にかけて図形を正確に捉える力が発達するため，4歳になると次第に描かれる図形の間に違いがみられるようになる。

(8) 自分の体の左右がわかる

対応年齢 4歳（4歳6か月～4歳11か月の通過率は64.0％）

確認方法 「あなたの右手はどれですか？」「あなたの左目はどれですか？」「あなたの右耳はどれですか？」などと質問する。答えられない場合は，「あなたの右手はどこにありますか？」のように質問し直す。

判定基準 それぞれ指でさす，その部分を触るなどして左右の区別がついていれば○。自分の左右ではなく保育者の左右を指さすなどした場合は×とする。

解　説 自己の体を中心として「うえ・した（3歳児頃から）」「まえ・うしろ（3歳児後半頃から）」「とおい・ちかい（4歳頃から）」「みぎ・ひだり（4歳後半頃から）」という順序で理解できるようになる。このような空間の位置を表す言葉の理解は，「あげる」「持っていく」などの自らの動作や運動を表す動詞の理解が基礎となってその発達が促される。

(9) 5以下の足し算ができる（1＋2など）

対応年齢 5歳（5歳0か月～5歳5か月の通過率は62.4％）

確認方法 「1たす1はいくつですか？」「1たす2はいくつですか？」「2たす3はいくつですか？」など答えが2から5になる足し算の質問を3回行う。

判定基準 3問中2問正しく答えられれば○。

解　説 自由遊びのなかで幼児は物を「1, 2, 3」のように数えたり（計数），「せっけん3つ」のように物の個数を表現したり（助数詞の使用），「2回目だよ」「ぼく3番」のように回数や順位を表現したりする。また，ゲームなどの遊び場面で「1対1」「1対2」のように「元の数に1を加える」といった加算を使用する。さらに5歳頃になると「元の数に2や3を

加える」といった加算や「元の数から1を減らす」といった減算を使用したりする。

(10) 硬貨を見てその名前が言える（1円，10円，50円，100円）

対応年齢	5歳（5歳6か月〜5歳11か月の通過率は59.0％）
確認方法	1円，10円，50円，100円の硬貨を子どもの前に並べる。一円玉を指さし，「このお金の名前は何ですか？」と質問する。同様に，十円玉，五十円玉，百円玉についても質問する。答えられない場合は，「このお金は，いくらですか？」のように質問し直す。
判定基準	4問中3問正しく答えられれば○。
解　　説	5歳頃になると，遊びのなかで物の数を数えたり（計数），数の計算（加算・減算）を行ったりするようになる。このことから，5歳後半になると「おみせやさんごっこ」のようなお金を使うごっこ遊びのなかで，自分の持っているお金について百円，千円単位で述べ合ったり，「600円になります」のように商品の金額を表現したり，「100円2個で200円なんだよ」のように百円単位の加算を行ったりするようになる。

第5節　感情

1.〈感情〉領域の概要

感情は，対人場面で経験される感情として「喜び・悲しみ・恐れ・怒り」といった基本的感情と，他児などから認知的評価がなされた時に経験する「誇り・恥・罪悪感」などの自己意識的感情の2つに分けられる。そこで〈感情〉領域はこの2つの感情の表出や理解，感情の調整，感情に基づいた行動などによって構成されている。以下に各項目の対応年齢，確認方法，判定基準，解説を述べる。

2. 各項目について

(1)「怖い」がわかる

対応年齢	1歳（1歳6か月〜1歳11か月の通過率は68.2％）
確認方法	怪獣やおばけなどの怖いキャラクターが出てくるような絵本を，情感豊かに読み聞かせる。その際，子どもがお話をきいてどのような反応を示すのかを観察する。
判定基準	怪獣やおばけなどの怖いキャラクターが出てきたり，恐ろしい場面になったりした際に，顔をしかめたり，顔を隠したり，声をあげたりなど怖がる様子が見られれば○。

|解　説|　子どもは3か月には見慣れた両親と見知らぬ人物とを弁別し，見知らぬ人物に対して顔をしかめたりする。7か月頃になると既知の人物には笑いかけるが，知らない人物や見慣れないおもちゃなどには恐れの表情を示すようになる。さらに8，9か月頃から保護者や保育者から引き離されたりすると明確な苦痛を示すようになる。このようなことから，1歳頃には大人からみて子どもの「怖い」がわかるようになる。

(2) 泣き，笑いの表情がわかる

|対応年齢|　1歳（1歳6か月〜1歳11か月の通過率は65.2%）
|確認方法|　泣いている表情と笑っている表情の絵が載っている絵本を見せながら，「泣いている顔はどっちですか？」「笑っている顔はどっちですか？」と質問する。
|判定基準|　それぞれ正しく答えられれば○。
|解　説|　4か月〜7か月の子どもは他者の喜びや驚きの表情を区別することはできるが，一つひとつの感情の意味はまだ理解していない。8か月から1歳頃になると，見慣れないおもちゃがあった場合などに親の顔，声，身振りなどを参照し，親の喜びや恐れの表情などから自分の態度を変えるようになる。

(3) ほめるともっとほめられようとする

|対応年齢|　2歳（2歳0か月〜2歳5か月の通過率は54.2%）
|確認方法|　「ボール転がし」や「いないいないばあ」のようなやりとり遊びを行う際に，「上手ね」などと子どもをほめてみせる。
|判定基準|　ほめられた時，何度もほめられた行動と同じことをしてみせれば○。
|解　説|　感情には，喜び・悲しみ・恐れ・怒りといった基本的感情だけでなく，当惑・誇り・罪悪感・恥などの高次の感情も存在する。このような高次の感情は1歳前後からみられるようになり，つかめなかったおもちゃをつかめた時などに「ほらみて！」といった得意げな表情をみせるようになる。親は子どものこのような表情に対して「上手ね」など声をかけて情緒的なやりとりを行うために，2歳頃になると子どもはもっとほめられようと同じような行動をするようになる。

(4) 怒り，喜び，悲しみの表情の絵がわかる

|対応年齢|　2歳（2歳6か月〜2歳11か月の通過率は62.6%）
|確認方法|　怒り，喜び，悲しみの表情の絵が載っている絵本を見せながら，「怒っ

ている顔はどれですか？」「うれしい顔はどれですか？」「悲しい顔はどれですか？」と質問する。

|判定基準| それぞれ正しく答えられれば○。この項目では，表情の理解ではなく情動の理解について確認するため，「笑っている顔・泣いている顔」と聞くのではなく「うれしい顔・悲しい顔」と聞かなければならない。

|解　説| 乳児期の親との情緒的なやりとり経験を通して，子どもはさまざまな他者の感情を理解するようになる。そのため，2歳頃には他者の表情を理解することができたり，楽しい状況にはうれしそうな顔の絵を選択することができたりするようになる。また3歳頃には，イラストで喜び，悲しみ，怒りの感情を提示すると多くの子どもが描かれた表情を区別することができるようになる。

(5) 怒っているなど自分の感情を言葉で表せる

|対応年齢| 3歳（3歳0か月～3歳5か月の通過率は59.8％）

|確認方法| 子どもが他児と集団遊びをしている時などを観察し，子ども間のやり取りの様子を確認する。

|判定基準| 他児とのいざこざ場面で「怒っている」，他児との楽しい場面では「嬉しい」など，自分の感情を言葉にすることができれば○。

|解　説| 1歳頃には明らかに他者に対して怒りを表出し始め，2歳頃には思い通りにならない時などに頻繁に怒りが表出されるようになる。しかし2歳後半になると次第に情動調整を行うことができるようになり，また2語文・多語文などの言葉の使用が可能となることから，自分の気持ちを言葉で自己主張するようになる。そのため3歳では思うようにならない場面に直面すると，泣かずに言葉で怒っていることを伝え，自己主張をするようになる。

(6) いやなことをされても気持ちをおさえて「やめて」と言える

|対応年齢| 3歳（3歳6か月～3歳11か月の通過率は56.3％）

|確認方法| 子ども同士の物の取り合いやけんかなどのいざこざ場面における子ども同士のやりとりの様子を観察する。

|判定基準| 他児からいやなことをされた時に，怒って他児を叩いたり，泣いて保育者に訴えたりせずに，自分から他児に「やめて」と言えれば○。

|解　説| 3歳半頃になると，子どもは相手からの不快な働きかけが偶然か故意かを理解することができるようになる。そのため，3歳半頃になるといやなことをされた際に偶然か故意かを判断し，故意にいやなことを

された場合には保育者に助けを求めるなどの方法を使うが，偶然の場合には他児に言葉で「やめて」と伝えるようになる。

(7) かわいそうな話を聞くと悲しそうにする

- **対応年齢** 4歳（4歳0か月～4歳5か月の通過率は51.1%）
- **確認方法** かわいそうな登場人物が出てきたり，登場人物がお話のなかで悲しんだりする絵本を，情感豊かに読み聞かせる。その際，子どもがお話をきいてどのような反応を示すのかを観察する。
- **判定基準** かわいそうな話を聞いて，涙ぐんだり，悲しい表情をしたり，その人物になりきって「悲しい」など発言すれば○。
- **解　説** 1歳頃から自他の認識の理解が進むことから，2歳になると他者の悲しみを目にしても「自分の感情ではなく，他人の感情」と理解し，心配した顔つきで近づいたりするようになる。また3歳頃から「他者と自分では気持ちや感情（内的状態）が異なる」ことの理解が始まるため，4歳になると他者の悲しみの理由を理解するようになり，「大丈夫？」などと声をかけたり，「悲しいね」などと共感を表したりするようになる。

(8) 自分の失敗を見られないようにする

- **対応年齢** 4歳（4歳6か月～4歳11か月の通過率は73.9%）
- **確認方法** 「紙飛行機を飛ばす」などの周りの子どもが成功している遊びのなかでのチャレンジ場面で，チャレンジが失敗した後の様子を観察する。
- **判定基準** 何か失敗した時に，それを人に見られないようにすれば○。
- **解　説** 3歳頃から自他の気持ちや感情の理解が始まり，他者に自分がどう思われているかを意識し始めるようになる。そのため，難しい課題に失敗すると悲しい表情を示すが，簡単な課題に失敗すると恥の表情を示すようになる。4歳になると他者との比較のなかで自分を捉えるようになるため，他児が課題などに挑戦し成功したのに，自分がそれに失敗した場合には，失敗を隠そうとする行動が見られるようになる。

(9) 鬼ごっこをしてわざとつかまりそうになってスリルを楽しむ

- **対応年齢** 5歳（5歳0か月～5歳5か月の通過率は60.3%）
- **確認方法** 鬼ごっこや追いかけっこなど，スリルのある遊びの場面を観察する。
- **判定基準** 鬼ごっこのルールを理解した上で，自らオニに近づくなど，わざとつかまりそうになってそれを楽しんでいれば○。

|解説| 3歳はオニに捕まり役割交代をした後も逃げるといったルールの逸脱がみられるが、4歳になるとオニ役などの役割の理解、見つかったら交替するといった役割交代の理解ができるようになる。さらに5歳になると鬼ごっこのルールを理解するだけでなく、わざとオニを挑発したり、わざと捕まりそうになったりといったようにスリルを楽しむようになる。

(10) 泣くのを人に見られないようにする

|対応年齢| 5歳（5歳0か月～5歳5か月の通過率は61.0％）
|確認方法| 子ども同士の物の取り合いやけんかなどのいざこざ場面における子ども同士のやりとりの様子を観察する。
|判定基準| 子ども同士のいざこざ場面において、感情が高ぶって泣いてしまいそうな時に、顔を隠したりその場を離れたりするなど、泣くのを人に見られないようにすれば〇。
|解説| 4歳頃になると、現在の自己と過去・未来の自己とを時間軸のなかでつなげて考えることができるようになるため、過去の自分の失敗を現在の自分のものとして理解できるようになる。また、他者が自分の表情や行動から自分の心を推測することを理解できるようになる。このことから、子ども同士のいざこざ場面において、感情が高ぶって泣いてしまいそうな時に、顔を隠したりその場を離れたりするなど、泣くのを人に見られないようにする。

　それぞれの項目については、日常の保育場面などで観察したり、園にある紙やペン、絵本などを使って子どもに質問しその様子を観察したりすることで、確認することができる。社会性発達チェックリスト（改訂版）の結果については、本章の各項目の解説と第3章、第4章の事例を参考にしながら、子どもの発達的特徴を理解する際の手がかりにすることができる。なお、解説の内容についてさらに詳しく知りたい場合は、巻末の文献を参考にして欲しい。

第3章 社会性発達チェックリスト（改訂版）からみる子どもの発達

　子どもを理解し，支援していくためには，アセスメントが不可欠である。アセスメントにおいて，日常生活における子どもの姿から得られる情報はもちろん重要である。しかしながら，日常生活のなかではうまく捉えられない部分もある。たとえば，一見すると日常生活のなかでは特に大きな問題もなく集団に参加している子どもであっても，丁寧にみていくと保育者の指示を理解して動いているのではなく，周りの子どもたちの動きを見て動いていることに気づくことがある。また，保育者が子どもは「わかっているはず」と思っていることでも，実際に1対1で確認してみると，保育者が思っているほどわかっていないこともある。このように，それぞれの子どもがどんなことができて，どんなことができないのかということは，保育所や幼稚園，認定こども園などの集団生活のなかではなかなか捉えることが難しい部分もある。

　社会性発達チェックリスト（改訂版）の項目には，日常生活における子どもの姿からすぐにチェックができる項目もあれば，子どもを注意深く観察しないとチェックができない項目，子どもに質問して確認しないとチェックができない項目も含まれている。これらの項目についてすべてチェックすることによって，日常生活のなかではあまり意識しないものの，子どもの発達においてはとても重要な側面も含めて，子どもに関する情報を得ることができる。

　ここでは，架空の事例を示しながら，日常場面での子どもの姿と社会性発達チェックリスト（改訂版）の結果から子どもを理解する方法について説明する。

第1節　2歳児の事例

1．指示の理解が難しい子どもの事例
（1）日常場面での子どもの姿
　2歳のA児（女児）は2歳児クラスに在籍している。

① 物などを示し，具体的に指示しないと理解できない
② 周りの子どもにつられて騒いでしまう
③ 急に他児を叩いたり他児にかみついたりする

(2) 社会性発達チェックリスト（改訂版）の結果

表3-1は，A児について社会性発達チェックリスト（改訂版）をつけた結果である。

〈集団活動〉
・1歳の項目でもできないものがあり，2歳以降の項目ではできるものがない

〈子ども同士の関係〉
・1歳の項目でもできないものがあり，2歳以降の項目ではできるものがない

〈言語〉
・1歳の項目はできるが，2歳以降の項目ではできるものがない
・「1語文を話せる」（1歳）ができる
・「物の名前を3つ以上言える」（1歳）ができる
・「2語文を話せる（『ママ　ミルク』など）」（2歳）ができない

表3-1　A児（2歳）の社会性発達チェックリスト（改訂版）の結果

年齢	集団活動		子ども同士の関係		言語		認識		感情	
1歳	朝の集まりなどで名前を呼ばれたら返事ができる	○	友だちのまねをする	○	1語文を話せる	○	目，鼻，口，耳がわかる	○	「怖い」がわかる	○
	集団で簡単な手遊びができる	×	幼い子どもを見ると近づいていって触る	×	物の名前を3つ以上言える	○	絵本を見て知っているものを指させる	○	泣き，笑いの表情がわかる	×
2歳	役のつもりになってひとりでままごと遊びをする	×	友だちとけんかをすると言いつけにくる	×	2話文を話せる（「ママ　ミルク」など）	×	グルグルとらせん状に描いた円を真似て描ける	×	ほめるともっとほめられようとする	×
	ロープなどがなくても列になって移動できる	×	自分や友だちが作ったものをお互いに見せ合う	×	「大きい」「小さい」の両方の言葉の意味がわかる	×	3つの数を復唱できる(5, 2, 4など)	×	怒り，喜び，驚き，悲しみの表情がわかる	×
3歳	他の子とかかわりながらごっこ遊びができる	×	ブランコなど自分から順番を待つ	×	「おなかがすいたらどうする？」という質問に正しく答えられる	×	「まえ」と「うしろ」がわかる	×	怒っているなど自分の感情を言葉で表せる	×
	イスとりゲームなどの簡単なルール遊びができる	×	自発的に他児に謝ることができる	×	「強い」「弱い」の両方の言葉の意味がわかる	×	10個の中から3個とれる	×	いやなことをされても気持ちをおさえて「やめて」と言える	×
4歳	大人が終始見ていなくても，4〜5人の子どもと協力して遊べる	×	幼い子どもの世話ができる	×	昨日のことの話ができる	×	正方形を真似て描ける	×	かわいそうな話を聞くと悲しそうにする	×
	集中して15分程度先生の話を聞ける	×	友だちと相談したり，妥協したりしながら一緒に遊ぶ	×	3つぐらいの花の名前が言える	×	自分の体の左右がわかる	×	自分の失敗を見られないようにする	×
5歳	自分たちで作ったお話でごっこ遊びをする	×	ジャンケンで順番を決める	×	なぞなぞ遊びができる	×	5以下の足し算ができる（1＋2など）	×	鬼ごっこをしてわざとつかまりそうになってスリルを楽しむ	×
	自分たちだけで集団でルール遊びができる	×	「しちならべ」などのトランプ遊びができる	×	金曜日の前の曜日が言える	×	硬貨を見てその名前が言える（1円,10円,50円,100円）	×	泣くのを人に見られないようにする	×

〈認識〉
・できる項目は1つもない
・「目，鼻，口，耳がわかる」（1歳）ができない
・「絵本を見て知っているものを指させる」（1歳）ができない

〈感情〉
・1歳の項目でもできないものがあり，2歳以降の項目ではできるものがない

　A児は〈集団活動〉〈子ども同士の関係〉〈言語〉〈感情〉では1歳の項目でもできないものがあり，さらに〈認識〉ではできる項目は1つもないことから，全体的に発達が遅れていると考えられる。

　また，「1語文を話せる」「物の名前を3つ以上言える」はできるものの，「2語文を話せる（『ママ　ミルク』など）」「目，鼻，口，耳がわかる」「絵本を見て知っているものを指させる」ができないことから，A児が理解できる言葉や使用できる言葉は非常に限られており，相手の言っていることを理解したり，自分の思いを相手に伝えたりすることは難しいと考えられる。

(3) 子どもの理解

[①物などを示し，具体的に指示しないと理解できない] 姿の理解

　チェックリストの結果から，A児は全体的に発達が遅れていること，相手の言っていることを理解することが難しいことがわかった。A児が物などを示し，具体的に指示しないと理解できないのは，言語や認識の発達の遅れと関連していると考えられる。A児は物などを示しながら具体的に指示されれば，言葉だけでなくそれらの手がかりも利用しながら理解することができるが，言葉だけの指示ではその内容をイメージしたり理解したりすることが難しいということなのだろう。

[②周りの子どもにつられて騒いでしまう] 姿の理解

　言語や認識の遅れは，A児が周りの子どもにつられて騒いでしまうこととも関連するかもしれない。言語や認識の遅れがあると，今自分が何をすべきかを自分で判断することが難しい場合があるだろう。そのような場合，A児は他児の様子を手がかりにしながら，その場面を理解しようとするかもしれない。そのため，周りの他児がふざけたり騒いだりしていると，それを見たA児は，ふざけたり騒いだりしてもよい場面だと誤って理解してしまう可能性がある。そのことが，周りの子どもにつられて騒いでしまうという姿につながっているのかもしれない。

[③急に他児を叩いたり他児にかみついたりする] 姿の理解

　チェックリストの結果から，A児は言語の発達が遅れており，自分の思いを言葉で相手に伝えることが難しいことがわかった。急に他児を叩いたり他児にかみついたりするというA児の行動の背景には，このような言語的なコミュニケーションの難しさが関連していると考えられる。A児は他児とのかかわりのなかで「一緒に遊びたい」「おもちゃを使いたい」などの思いを抱いても，それを言葉でうまく表現することは難しいだろう。そのため，言葉ではなく叩く，かみつくなどの攻撃的な行動という方法で表現してしまっている可能性がある。

第2節　3歳児の事例

1．保育者の声がけが入りにくい子どもの事例

(1) 日常場面での子どもの姿

　3歳のB児（男児）は3歳児クラスに在籍している。

> ①こだわりが強く，自分の思い通りにならないと気持ちが大きく崩れる
> ②保育者の声がけが入りにくく，集団活動に参加しないことが多い
> ③遊びは，ヒーローになりきって自分のイメージのなかで遊ぶなど一人遊びが多い

(2) 社会性発達チェックリスト（改訂版）の結果

　表3-2は，B児について社会性発達チェックリスト（改訂版）をつけた結果である。

〈集団活動〉
・1歳の項目でもできないものがあり，2歳以降の項目ではできるものがない

〈子ども同士の関係〉
・1歳の項目でもできないものがあり，2歳以降の項目ではできるものがない
・「自分や友だちが作ったものをお互いに見せ合う」（2歳）ができない

〈言語〉
・4歳までの項目はすべてできる

〈認識〉
・4歳までの項目はすべてできる

〈感情〉
・1歳の項目はすべてできるが，2歳以降の項目ではできるものがない

　B児は〈言語〉〈認識〉では4歳までの項目はすべてできることから，言語と認識の発達の水準は年齢よりも高いと考えられる。一方，〈集団活動〉〈子ども同士の関係〉

第3章 社会性発達チェックリスト（改訂版）からみる子どもの発達　41

表3-2　B児（3歳）の社会性発達チェックリスト（改訂版）の結果

年齢	集団活動		子ども同士の関係		言語		認識		感情	
1歳	朝の集まりなどで名前を呼ばれたら返事ができる	○	友だちのまねをする	○	1話文を話せる	○	目，鼻，口，耳がわかる	○	「怖い」がわかる	○
	集団で簡単な手遊びができる	×	幼い子どもを見ると近づいていって触る	×	物の名前を3つ以上言える	○	絵本を見て知っているものを指させる	○	泣き，笑いの表情がわかる	○
2歳	役のつもりになってひとりでままごと遊びをする	×	友だちとけんかをすると言いつけにくる	×	2話文を話せる（「ママミルク」など）	○	グルグルとらせん状に描いた円を真似て描ける	○	ほめるともっとほめられようとする	×
	ロープなどがなくても列になって移動できる	×	自分や友だちが作ったものをお互いに見せ合う	×	「大きい」「小さい」の両方の言葉の意味がわかる	○	3つの数を復唱できる（5，2，4など）	○	怒り，喜び，驚き，悲しみの表情がわかる	×
3歳	他の子とかかわりながらごっこ遊びができる	×	ブランコなど自分から順番を待つ	×	「おなかがすいたらどうする？」という質問に正しく答えられる	○	「まえ」と「うしろ」がわかる	○	怒っているなど自分の感情を言葉で表せる	×
	イスとりゲームなどの簡単なルール遊びができる	×	自発的に他児に謝ることができる	×	「強い」「弱い」の両方の言葉の意味がわかる	○	10個の中から3個とれる	○	いやなことをされても気持ちをおさえて「やめて」と言える	×
4歳	大人が終始見ていなくても，4～5人の子どもと協力して遊べる	×	幼い子どもの世話ができる	×	昨日のことの話ができる	○	正方形を真似て描ける	○	かわいそうな話を聞くと悲しそうにする	×
	集中して15分程度先生の話を聞ける	×	友だちと相談したり，妥協したりしながら一緒に遊ぶ	×	3つぐらいの花の名前が言える	○	自分の体の左右がわかる	○	自分の失敗を見られないようにする	×
5歳	自分たちで作ったお話でごっこ遊びをする	×	ジャンケンで順番を決める	×	なぞなぞ遊びができる	×	5以下の足し算ができる（1＋2など）	×	鬼ごっこをしてわざとつかまりそうになってスリルを楽しむ	×
	自分たちだけで集団でルール遊びができる	×	「しちならべ」などのトランプ遊びができる	×	金曜日の前の曜日が言える	×	硬貨を見てその名前が言える（1円，10円，50円，100円）	×	泣くのを人に見られないようにする	×

〈感情〉は2歳以降の項目ではできるものは1つもないことから，B児は集団活動や子ども同士の関係，感情の発達については1歳程度の水準であると考えられる。

また，「自分や友だちが作ったものをお互いに見せ合う」ができないことから，B児は楽しみや興味を他者と共有しにくいと考えられる。

(3) 子どもの理解

[①こだわりが強く，自分の思い通りにならないと気持ちが大きく崩れる] 姿の理解

チェックリストの結果から，B児の感情の発達は大きく遅れていることがわかった。そのため，自分の感情を理解したり，それを表現したり，コントロールしたりすることは難しいと考えられる。そのため，B児は自分の思い通りにならない時に，不快な気持ちを言葉で表現したり，コントロールしたりすることが難しいため，気持ちが大きく崩れてしまうと推測される。

[②保育者の声がけが入りにくく，集団活動に参加しないことが多い] 姿の理解

チェックリストの結果から，B児の言語や認識の発達は年齢より高い水準であることがわかった。このことから，保育者の声がけが入りにくく，集団活動に参加しないことが多いのは，B児が保育者の指示や活動内容を理解できないためではないと考え

られる。

　それでは，保育者の声がけの入りにくさや集団活動への参加の難しさは何によるものなのだろうか。B児のこだわりが強いという姿を踏まえて考えると，保育者の声がけの入りにくさや集団活動への参加の難しさには，B児の興味や関心の狭さが関連している可能性がある。興味や関心の範囲が狭いと，自分の興味や関心のあることには集中して取り組む一方で，自分の興味や関心のないものにはまったく取り組もうとしないことがある。B児も保育者の声がけや集団活動に興味がもちにくいために，集団活動に参加することが難しいのかもしれない。このような興味・関心の狭さは社会性発達チェックリストでは把握できない部分であるため，日常生活での行動観察を通して，B児はどのようなことに興味・関心をもち，どのようなことに興味・関心をもちにくいのかを丁寧にみていくことが必要である。

［③遊びは，ヒーローになりきって自分のイメージのなかで遊ぶなど一人遊びが多い］姿の理解

　チェックリストの結果から，B児は楽しみや興味を他者と共有しにくいことがわかった。B児がヒーローになりきって自分のイメージのなかで遊ぶなど一人遊びが多いことには，興味・関心の狭さに加えて，楽しみや興味を他者と共有しにくいことが関連していると考えられる。興味・関心の範囲が狭いため，B児が楽しめる遊びは限られてしまうだろう。また，B児は楽しみや興味を他者と共有しにくいため，他児とかかわりながら一緒に遊ぶことに対する動機付けも低いだろう。このようなことから，B児は一人遊びが多くなっていると推測される。

2．一度主張し始めると自分の考えを変えない子どもの事例
(1) 日常場面での子どもの姿
　3歳のC児（女児）は3歳児クラスに在籍している。

> ①一度主張し始めると，なかなか自分の考えを変えない
> ②他児へのかかわり方が一方的なため，他児とトラブルになることが多い
> ③持ち物を置く場所が変わると，自分の持ち物を見つけられない

(2) 社会性発達チェックリスト（改訂版）の結果
　表3-3は，C児について社会性発達チェックリスト（改訂版）をつけた結果である。
〈集団活動〉
・2歳までの項目はすべてできるが，3歳の項目ではできないものがある

表3-3 C児（3歳）の社会性発達チェックリスト（改訂版）の結果

年齢	集団活動		子ども同士の関係		言語		認識		感情	
1歳	朝の集まりなどで名前を呼ばれたら返事ができる	○	友だちのまねをする	○	1話文を話せる	○	目, 鼻, 口, 耳がわかる	○	「怖い」がわかる	○
	集団で簡単な手遊びができる	○	幼い子どもを見ると近づいていって触る	○	物の名前を3つ以上言える	○	絵本を見て知っているものを指させる	○	泣き, 笑いの表情がわかる	○
2歳	役のつもりになってひとりでままごと遊びをする	○	友だちとけんかをすると言いつけにくる	×	2話文を話せる（「ママ　ミルク」など）	○	グルグルとらせん状に描いた円を真似て描ける	○	ほめるともっとほめられようとする	×
	ロープなどがなくても列になって移動できる	○	自分や友だちが作ったものをお互いに見せ合う	×	「大きい」「小さい」の両方の言葉の意味がわかる	○	3つの数を復唱できる（5, 2, 4など）	○	怒り, 喜び, 驚き, 悲しみの表情がわかる	×
3歳	他の子とかかわりながらごっこ遊びができる	×	ブランコなど自分から順番を待つ	×	「おなかがすいたらどうする?」という質問に正しく答えられる	×	「まえ」と「うしろ」がわかる	○	怒っているなど自分の感情を言葉で表せる	×
	イスとりゲームなどの簡単なルール遊びができる	○	自発的に他児に謝ることができる	×	「強い」「弱い」の両方の言葉の意味がわかる	○	10個の中から3個とれる	×	いやなことをされても気持ちをおさえて「やめて」と言える	×
4歳	大人が終始見ていなくても, 4～5人の子どもと協力して遊べる	×	幼い子どもの世話ができる	×	昨日のことの話ができる	×	正方形を真似て描ける	×	かわいそうな話を聞くと悲しそうにする	×
	集中して15分程度先生の話を聞ける	×	友だちと相談したり, 妥協したりしながら一緒に遊ぶ	×	3つぐらいの花の名前が言える	○	自分の体の左右がわかる	○	自分の失敗を見られないようにする	×
5歳	自分たちで作ったお話でごっこ遊びをする	×	ジャンケンで順番を決める	×	なぞなぞ遊びができる	×	5以下の足し算ができる（1＋2など）	×	鬼ごっこをしてわざとつかまりそうになってスリルを楽しむ	×
	自分たちだけで集団でルール遊びができる	×	「しちならべ」などのトランプ遊びができる	×	金曜日の前の曜日が言える	×	硬貨を見てその名前が言える（1円, 10円, 50円, 100円）	×	泣くのを人に見られないようにする	×

〈子ども同士の関係〉

・1歳の項目はすべてできるが, 2歳以降の項目ではできるものがない

〈言語〉

・2歳までの項目はすべてできるが, 3歳の項目ではできないものがある

・「『おなかがすいたらどうする？』という質問に正しく答えられる」（3歳）ができない

〈認識〉

・2歳までの項目はすべてできるが, 3歳の項目ではできないものがある

〈感情〉

・1歳の項目はすべてできるが, 2歳以降の項目ではできるものがない

・「怒り, 喜び, 驚き, 悲しみの表情がわかる」（2歳）ができない

　C児は〈集団活動〉〈言語〉〈認識〉では2歳までの項目はすべてできることから, 言語と認識の発達は年齢相応であると考えられる。一方,〈子ども同士の関係〉〈感情〉では1歳の項目しかできないことから, 子ども同士の関係や感情の発達は遅れていることがわかる。

　また, C児は「『おなかがすいたらどうする？』という質問に正しく答えられる」

ができない。「気になる」子どものなかには，この質問に「おなかはすいていない」と答えたり，質問に対する答えとは異なることを話し始めたりする子どもがいる。この項目では，「もし○○だったら」というような現実には起こっていない仮想の場面を想定することが必要とされるため，言葉だけで状況を理解しなければならない。C児はこの項目ができないことから，言葉で状況を理解することが難しいと考えられる。

さらに，C児は「怒り，喜び，驚き，悲しみの表情がわかる」ができないことから，感情を理解することも難しいと考えられる。

(3) 子どもの理解

[①一度主張し始めると，なかなか自分の考えを変えない] 姿の理解

チェックリストの結果から，C児は言語や認識の発達は年齢相応であるものの，言葉で状況を理解することが難しいことがわかった。一度主張し始めると，なかなか自分の考えを変えないというC児の姿には，このような状況理解の難しさが関連していると考えられる。C児は一度自分なりに状況を理解してしまうと，保育者からその状況について改めて説明されても，それを理解することが難しいため，自分なりの理解を押し通そうとしてしまうと推測される。

[②他児へのかかわり方が一方的なため，他児とトラブルになることが多い] 姿の理解

チェックリストの結果から，C児は感情を理解することが難しいことがわかった。他児に一方的にかかわってしまうというC児の姿には，状況理解の難しさに加えて，他者の感情を理解することが難しいことも関連していると考えられる。他児とのかかわりにおいては，相手の欲求や意図，感情等を考慮してかかわることが必要になるが，状況理解や感情理解が難しいC児にとってそのようなことを考慮することは難しいだろう。そのため，他児へのかかわり方が一方的になってしまい，トラブルに発展してしまうと推測される。

[③持ち物を置く場所が変わると，自分の持ち物を見つけられない] 姿の理解

前述の様に，C児の言語や認識の発達は全体的には遅れはないと考えられる。それにもかかわらず，C児は持ち物を置く場所が変わると，自分の持ち物を見つけられないのは，位置関係を記憶することが難しいためかもしれない。このような位置関係を記憶する力は社会性発達チェックリスト（改訂版）では把握できない部分であるため，日常生活での行動観察を通して，どのような場合だと記憶できて，どのような場合だと記憶することが難しいのかなどを丁寧にみていく必要がある。

第3節　4歳児の事例

1. 落ち着きのない子どもの事例

(1) 日常場面での子どもの姿

4歳のD児（男児）は4歳児クラスに在籍している。

①集団場面ではじっとイスに座っていられず，立ち歩いたり他児にちょっかいを出したりする
②ルール遊びでは，遊びのルールを破って自分勝手に振舞う
③自分の思い通りにならないと，大声で叫んだり手や足が出たりする

(2) 社会性発達チェックリスト（改訂版）の結果

表3-4は，D児について社会性発達チェックリスト（改訂版）をつけた結果である。

〈集団活動〉
・3歳の項目でもできないものがあり，4歳以降の項目ではできるものがない
・「イスとりゲームなどの簡単なルール遊びができる」（3歳）ができる

表3-4　D児（4歳）の社会性発達チェックリストの結果

年齢	集団活動		子ども同士の関係		言語		認識		感情	
1歳	朝の集まりなどで名前を呼ばれたら返事ができる	○	友だちのまねをする	○	1話文を話せる	○	目，鼻，口，耳がわかる	○	「怖い」がわかる	○
	集団で簡単な手遊びができる	○	幼い子どもを見ると近づいていって触る	○	物の名前を3つ以上言える	○	絵本を見て知っているものを指させる	○	泣き，笑いの表情がわかる	○
2歳	役のつもりになってひとりでままごと遊びをする	○	友だちとけんかをすると言いつけにくる	○	2話文を話せる（「ママ ミルク」など）	○	グルグルとらせん状に描いた円を真似て描ける	○	ほめるともっとほめられようとする	○
	ロープなどがなくても列になって移動できる	○	自分や友だちが作ったものをお互いに見せ合う	○	「大きい」「小さい」の両方の言葉の意味がわかる	○	3つの数を復唱できる(5,2,4など)	○	怒り，喜び，驚き，悲しみの表情がわかる	○
3歳	他の子とかかわりながらごっこ遊びができる	×	ブランコなど自分から順番を待つ	×	「おなかがすいたらどうする？」という質問に正しく答えられる	○	「まえ」と「うしろ」がわかる	○	怒っているなど自分の感情を言葉で表せる	×
	イスとりゲームなどの簡単なルール遊びができる	○	自発的に他児に謝ることができる	×	「強い」「弱い」の両方の言葉の意味がわかる	○	10個の中から3個とれる	○	いやなことをされても気持ちをおさえて「やめて」と言える	×
4歳	大人が終始見ていなくても，4〜5人の子どもと協力して遊べる	×	幼い子どもの世話ができる	×	昨日のことの話ができる	○	正方形を真似て描ける	○	かわいそうな話を聞くと悲しそうにする	○
	集中して15分程度先生の話を聞ける	×	友だちと相談したり，妥協したりしながら一緒に遊ぶ	×	3つぐらいの花の名前が言える	○	自分の体の左右がわかる	○	自分の失敗を見られないようにする	○
5歳	自分たちで作ったお話でごっこ遊びをする	×	ジャンケンで順番を決める	×	なぞなぞ遊びができる	×	5以下の足し算ができる（1＋2など）	×	鬼ごっこをしてわざとつかまりそうになってスリルを楽しむ	×
	自分たちだけで集団でルール遊びができる	×	「しちならべ」などのトランプ遊びができる	×	金曜日の前の曜日が言える	×	硬貨を見てその名前が言える（1円,10円,50円,100円）	×	泣くのを人に見られないようにする	×

〈子ども同士の関係〉
・2歳までの項目はすべてできるが，3歳以降の項目ではできるものがない
・「ブランコなど自分から順番を待つ」(3歳)ができない
・「自発的に他児に謝ることができる」(3歳)ができない

〈言語〉
・2歳までの項目はすべてできるが，3歳以降の項目ではできるものがない

〈認識〉
・2歳までの項目はすべてできるが，3歳以降の項目ではできるものがない

〈感情〉
・2歳までの項目はすべてできるが，3歳以降の項目ではできるものがない
・「いやなことをされても気持ちをおさえて『やめて』と言える」(3歳)ができない

　これらのことから，D児の発達水準はいずれの領域においても2～3歳程度であると推測され，全体的に発達が遅れているといえる。一方，「イスとりゲームなどの簡単なルール遊びができる」ができることから，D児は簡単なルールであれば理解し，ルール遊びに参加することができると考えられる。
　また，「ブランコなど自分から順番を待つ」「自発的に他児に謝ることができる」「いやなことをされても気持ちをおさえて『やめて』と言える」など自分の感情や行動のコントロールに関する項目ができないことから，D児は感情や行動のコントロールが難しいと考えられる。

(3) 子どもの理解
　[①集団場面ではじっとイスに座っていられず，立ち歩いたり他児にちょっかいを出したりする] 姿の理解
　チェックリストの結果から，D児の発達は2～3歳程度の水準であることがわかった。とりわけ言語や認識の発達が遅れていると，集団場面での活動内容や保育者の説明が十分に理解できない可能性がある。これから何をするのか，今自分は何をしなければならないのかがわからなければ，活動に興味をもったり，じっと座って保育者の話を聞いたりするのは難しいだろう。それが結果として立ち歩きや他児へのちょっかいにつながっていると考えられる。このように，D児の集団場面で立ち歩いたり他児にちょっかいを出したりするという姿には，言語や認識の発達の遅れが関連していると推測される。

　[②ルール遊びでは，遊びのルールを破って自分勝手に振舞う] 姿の理解
　D児の発達は2～3歳程度の水準と遅れがみられるものの，チェックリストの結果

から，D児は簡単なルールであれば理解し，ルール遊びに参加することができることがわかった。ルール遊びのなかでもルールが簡単な遊びや繰り返し経験している遊びであれば，D児はルールを守って参加することが可能であると考えられる。しかしながら，D児が所属するのは4歳児クラスであるということを踏まえて考えると，少し複雑なルールも設定されると考えられる。言語や認識の発達が遅れているD児にとってはルールが十分に理解できなかったり，誤解してしまったりすることも多いだろう。そのため，遊びのルールとは異なる行動をしてしまい，それが自分勝手な振舞いにみえてしまう可能性がある。このように，言語や認識の発達の遅れは，ルール遊びでルールを破って自分勝手に振舞うという姿とも関連すると考えられる。

[③自分の思い通りにならないと，大声で叫んだり手や足が出たりする] 姿の理解

チェックリストの結果から，D児は感情や行動のコントロールも難しいことがわかった。そのため，自分のやりたいことができない場面などでは不快な感情をコントロールできず，他者からは受け入れられないような行動として表出してしまうと考えられる。このように，D児が自分の思い通りにならないと，大声で叫んだり手や足が出たりするのは，感情や行動のコントロールの難しいためであると推測される。

2．他児との関係を作ることが難しい子どもの事例

(1) 日常場面での子どもの姿

4歳のE児（女児）は4歳児クラスに在籍している。

①集団活動には，保育者が誘っても参加しないことが多い
②自由遊びでは，他児と遊ぶことはほとんどなく，保育者と遊びたがる
③自分の行動を認めようとせず，言い訳をする

(2) 社会性発達チェックリスト（改訂版）の結果

表3-5は，E児について社会性発達チェックリスト（改訂版）をつけた結果である。

〈集団活動〉
・3歳の項目でもできないものがあり，4歳以降の項目ではできるものがない
・「他の子とかかわりながらごっこ遊びができる」（3歳）ができない
・「大人が終始見ていなくても，4〜5人の子どもと協力して遊べる」（4歳）ができない

〈子ども同士の関係〉
・2歳までの項目はすべてできるが，3歳以降はできるものとできないものが混在している

表3-5　E児（4歳）の社会性発達チェックリスト（改訂版）の結果

年齢	集団活動		子ども同士の関係		言語		認識		感情	
1歳	朝の集まりなどで名前を呼ばれたら返事ができる	○	友だちのまねをする	○	1話文を話せる	○	目，鼻，口，耳がわかる	○	「怖い」がわかる	○
	集団で簡単な手遊びができる	○	幼い子どもを見ると近づいていって触る	○	物の名前を3つ以上言える	○	絵本を見て知っているものを指させる	○	泣き，笑いの表情がわかる	○
2歳	役のつもりになってひとりでままごと遊びをする	○	友だちとけんかをすると言いつけにくる	○	2話文を話せる（「ママ　ミルク」など）	○	グルグルとらせん状に描いた円を真似て描ける	○	ほめるともっとほめられようとする	○
	ロープなどがなくても列になって移動できる	○	自分や友だちが作ったものをお互いに見せ合う	○	「大きい」「小さい」の両方の言葉の意味がわかる	○	3つの数を復唱できる（5，2，4など）	○	怒り，喜び，驚き，悲しみの表情がわかる	○
3歳	他の子とかかわりながらごっこ遊びができる	×	ブランコなど自分から順番を待つ	○	「おなかがすいたらどうする？」という質問に正しく答えられる	○	「まえ」と「うしろ」がわかる	○	怒っているなど自分の感情を言葉で表せる	×
	イスとりゲームなどの簡単なルール遊びができる	○	自発的に他児に謝ることができる	×	「強い」「弱い」の両方の言葉の意味がわかる	○	10個の中から3個とれる	○	いやなことをされても気持ちをおさえて「やめて」と言える	×
4歳	大人が終始見ていなくても，4～5人の子どもと協力して遊べる	×	幼い子どもの世話ができる	×	昨日のことの話ができる	○	正方形を真似て描ける	○	かわいそうな話を聞くと悲しそうにする	×
	集中して15分程度先生の話を聞ける	×	友だちと相談したり，妥協したりしながら一緒に遊ぶ	×	3つぐらいの花の名前が言える	○	自分の体の左右がわかる	○	自分の失敗を見られないようにする	○
5歳	自分たちで作ったお話でごっこ遊びをする	×	ジャンケンで順番を決める	○	なぞなぞ遊びができる	○	5以下の足し算ができる（1＋2など）	○	鬼ごっこをしてわざとつかまりそうになってスリルを楽しむ	○
	自分たちだけで集団でルール遊びができる	×	「しちならべ」などのトランプ遊びができる	○	金曜日の前の曜日が言える	○	硬貨を見てその名前が言える（1円，10円，50円，100円）	○	泣くのを人に見られないようにする	×

- 「友だちと相談したり，妥協したりしながら一緒に遊ぶ」（4歳）ができない
- 「『しちならべ』などのトランプ遊びができる」（5歳）ができる

〈言語〉
- 5歳までのすべての項目ができる
- 「なぞなぞ遊びができる」（5歳）ができる

〈認識〉
- 5歳までのすべての項目ができる

〈感情〉
- 2歳までの項目はすべてできるが，3歳以降はできるものとできないものが混在している
- 「自分の失敗を見られないようにする」（4歳）ができる

　E児の場合，〈言語〉〈認識〉はすべての項目ができることから，言語や認識の発達水準は5歳あるいはそれ以上であり，年齢よりも高いと考えられる。とりわけ，「『しちならべ』などのトランプ遊びができる」「なぞなぞ遊びができる」ができることから，E児は数や言葉を用いた知的な遊びができると考えられる。
　一方，〈集団活動〉〈子ども同士の関係〉〈感情〉は3歳の項目でもできないものが

複数あることから，集団活動や子ども同士の関係，感情の発達は遅れていると考えられる。また，「他の子とかかわりながらごっこ遊びができる」「大人が終始見ていなくても，4～5人の子どもと協力して遊べる」「友だちと相談したり，妥協したりしながら一緒に遊ぶ」など他児とのかかわりが必要とされる項目ができないことから，E児は他児とかかわって一緒に遊ぶことが難しいと考えられる。さらに，「怒っているなど自分の感情を言葉で表せる」という項目ができないことから，E児は自分の感情を言葉で表現することも難しいと考えられる。

(3) 子どもの理解

［①集団活動には，保育者が誘っても参加しないことが多い］姿の理解

チェックリストの結果から，E児の言語や認識の発達水準は5歳あるいはそれ以上であることがわかった。そのため，E児が集団活動に参加しないことが多いのは，活動自体が理解できないということによるものではない。E児は言語や認識の発達水準が年齢よりも高いために，興味や関心をもつものが同年齢の子どもとは異なる可能性がある。そのため，同年齢の子どもたちが興味をもって取り組むような活動であってもE児は興味をもちにくく，集団活動に楽しんで参加することが難しいのだと推測される。

［②自由遊びでは，他児と遊ぶことはほとんどなく，保育者と遊びたがる］姿の理解

E児のように興味や関心をもつものが同年齢の子どもと異なるということは，他児との関係にも影響を及ぼす。チェックリストの結果から，E児は他児とかかわって一緒に遊ぶことが難しいこと，数や言葉を用いた知的な遊びができることがわかった。たとえば，E児がトランプ遊びをやりたいと思っても，ルールが理解できない同年齢の他児が一緒に楽しむことは難しいだろう。そのため，保育者を誘って遊ぶことが多くなり，結果として他児と一緒に遊ぶ機会は少なくなってしまうと考えられる。このように，E児が自由遊びで他児と遊ぶことがほとんどないということには，興味や関心をもつものが同年齢の子どもと異なるということが関連していると推測される。

［③自分の行動を認めようとせず，言い訳をする］姿の理解

チェックリストの結果，E児は感情の発達が遅れており，自分の感情を言葉で表現することが難しいことがわかった。自分の感情を言葉でうまく表現できないと，保育者から自分の行った行動やその理由について尋ねられても，その時の自分の感情ではなく，「○○ちゃんが××したから」などその時の状況や相手の行動について言及することが多くなってしまう。このような自分の感情を言葉で表現することの難しさが，自分が行った行動を認めようとせず，言い訳をするというE児の姿につながってい

第4節　5歳児の事例

1. 保育者の指示に従うことが難しい子どもの事例

(1) 日常場面での子どもの姿

5歳のF児（男児）は5歳児クラスに在籍している。

> ① 保育者の指示に従うことが難しい
> ② 朝の支度や手洗いなど，身の回りのことになかなか取りかかれない
> ③ 他児にちょっかいを出し，「やめて」と言われてもその行動をやめることが難しい

(2) 社会性発達チェックリスト（改訂版）の結果

表3-6は，F児について社会性発達チェックリスト（改訂版）をつけた結果である。

〈集団活動〉
・3歳までの項目はすべてできるが，4歳以降の項目ではできるものがない

表3-6　F児（5歳）の社会性発達チェックリスト（改訂版）の結果

年齢	集団活動		子ども同士の関係		言語		認識		感情	
1歳	朝の集まりなどで名前を呼ばれたら返事ができる	○	友だちのまねをする	○	1話文を話せる	○	目，鼻，口，耳がわかる	○	「怖い」がわかる	○
	集団で簡単な手遊びができる	○	幼い子どもを見ると近づいていって触る	○	物の名前を3つ以上言える	○	絵本を見て知っているものを指させる	○	泣き，笑いの表情がわかる	○
2歳	役のつもりになってひとりでままごと遊びをする	○	友だちとけんかをすると言いつけにくる	○	2話文を話せる（「ママミルク」など）	○	グルグルとらせん状に描いた円を真似て描ける	○	ほめるともっとほめられようとする	○
	ロープなどがなくても列になって移動できる	○	自分や友だちが作ったものをお互いに見せ合う	○	「大きい」「小さい」の両方の言葉の意味がわかる	○	3つの数を復唱できる（5,2,4など）	×	怒り，喜び，驚き，悲しみの表情がわかる	○
3歳	他の子とかかわりながらごっこ遊びができる	○	ブランコなど自分から順番を待つ	○	「おなかがすいたらどうする？」という質問に正しく答えられる	○	「まえ」と「うしろ」がわかる	○	怒っているなど自分の感情を言葉で表せる	×
	イスとりゲームなどの簡単なルール遊びができる	○	自発的に他児に謝ることができる	×	「強い」「弱い」の両方の言葉の意味がわかる	○	10個の中から3個とれる	○	いやなことをされても気持ちをおさえて「やめて」と言える	×
4歳	大人が終始見ていなくても，4～5人の子どもと協力して遊べる	×	幼い子どもの世話ができる	×	昨日のことの話ができる	×	正方形を真似て描ける	×	かわいそうな話を聞くと悲しそうにする	×
	集中して15分程度先生の話を聞ける	×	友だちと相談したり，妥協したりしながら一緒に遊ぶ	×	3つぐらいの花の名前が言える	×	自分の体の左右がわかる	×	自分の失敗を見られないようにする	×
5歳	自分たちで作ったお話でごっこ遊びをする	×	ジャンケンで順番を決める	×	なぞなぞ遊びができる	×	5以下の足し算ができる（1＋2など）	×	鬼ごっこをしてわざとつかまりそうになってスリルを楽しむ	×
	自分たちだけで集団でルール遊びができる	×	「しちならべ」などのトランプ遊びができる	×	金曜日の前の曜日が言える	×	硬貨を見てその名前が言える（1円,10円,50円,100円）	×	泣くのを人に見られないようにする	×

・「集中して15分程度先生の話を聞ける」（4歳）ができない

〈子ども同士の関係〉
・5歳までの項目は1項目を除いてすべてできる
・「自発的に他児に謝ることができる」（3歳）ができない

〈言語〉
・5歳までのすべての項目ができる

〈認識〉
・5歳までの項目は1項目を除いてすべてできる
・「3つの数を復唱できる（5，2，4など）」（3歳）ができない

〈感情〉
・2歳までの項目はすべてできるが，3歳以降の項目ではできるものとできないものが混在している
・「いやなことをされても気持ちをおさえて『やめて』と言える」（3歳）ができない
・「かわいそうな話を聞くと悲しそうにする」（4歳）ができない

　F児は〈子ども同士の関係〉〈言語〉〈認識〉ではほとんどの項目ができていることから，子ども同士の関係や言語，認識の発達水準は5歳あるいはそれ以上であり，年齢相応であると考えられる。しかし，F児は「3つの数を復唱できる（5，2，4など）」ができない。これは，提示された3つの数を順番に覚え，覚えた数を順番に再生することができるかどうかを調べる項目である。このことから，F児は言語や認識の発達に遅れはないものの，一度に記憶できるものの数が少ない（記憶範囲が狭い）と考えられる。

　一方，〈集団活動〉は3歳までの項目はできるものの，4歳以降の項目ではできるものがないことから，集団活動の発達は遅れていることがわかる。とりわけ「集中して15分程度先生の話を聞ける」ができないことから，F児は注意が逸れやすく一定時間活動に集中することが難しいと推測される。また，〈感情〉は3歳以降の項目ではできるものとできないものが混在していることから，感情の発達にも遅れがみられる。

　さらに，「自発的に他児に謝ることができる」「いやなことをされても気持ちをおさえて『やめて』と言える」などの感情や行動のコントロールに関する項目や，「かわいそうな話を聞くと悲しそうにする」などの感情理解や共感に関する項目ができないことから，F児は自分の感情や行動をコントロールすることや他者の感情を理解したりそれに共感したりすることが難しいと考えられる。

(3) 子どもの理解

［①保育者の指示に従うことが難しい］姿の理解

　チェックリストの結果から，F児の言語や認識の発達は年齢相応であることがわかった。それにもかかわらず，F児が保育者の指示に従うことが難しいのはなぜだろうか。チェックリストの結果，F児は1度に記憶できるものの数が少ないことがわかった。F児のように1度に記憶できるものの数が少ないと，保育者の指示は理解できてもそれを覚えておくことが難しいと考えられる。とりわけ，5歳児クラスの場合は活動の内容が複雑になるため，1度に複数のことについて説明されたり，複数の指示が同時になされたりすることがあるだろう。そのような場合，F児はそれらの説明や指示を覚えていられず，途中で何をすべきかわからなくなってしまうため，結果として保育者の指示に従えないと推測される。

［②朝の支度や手洗いなど，身の回りのことになかなか取りかかれない］姿の理解

　チェックリストの結果から，F児は注意が逸れやすいことがわかった。F児の朝の支度や手洗いなど，身の回りのことになかなか取りかかれないという行動の背景には，このような注意の逸れやすさが関連している可能性がある。「気になる」子どものなかには，朝の支度や手洗いなど毎日繰り返ししているような行動であっても自分ではなかなか取りかかれず，その都度声がけが必要な子どもがいる。そのような子どもをよく観察してみると，他児が手洗いをしている時間でも，保育者が準備したその日の活動で使用するものが気になって触りに行ったり，他児が見ている絵本を横から眺めていたりすることがある。このように次から次へと注意が逸れてしまうために，ほとんどの他児が手洗いをすませて席についても，F児はまだ手洗いをしていないということがあると考えられる。

［③他児にちょっかいを出し，『やめて』と言われてもその行動をやめることが難しい］姿の理解

　チェックリストの結果から，F児は自分の感情や行動をコントロールすることや，他児の感情を理解したり共感したりすることが難しいことがわかった。F児の他児にちょっかいを出し，「やめて」と言われてもその行動をやめることが難しいという行動の背景には，このような他者の感情理解や共感の難しさや感情・行動のコントロールの難しさが関連していると考えられる。F児は他児が嫌がっているということ自体を理解できなかったり，他児が嫌がっていることは理解できても自分の行動をコントロールできなかったりするために，他児に「やめて」と言われてもその行動をやめることが難しいと推測される。

2. 対人的トラブルが多い子どもの事例

(1) 日常場面での子どもの姿

5歳のG児（女児）は5歳児クラスに在籍している。

> ①自由遊びでは自分のイメージ通りに遊びを進めようとし，他児と楽しく遊ぶことが難しい
> ②クラス全体でのルール遊びには意欲的に参加する
> ③思い通りにならないことがあると，暴言を吐いて保育室を出ていくことが多い

(2) 社会性発達チェックリスト（改訂版）の結果

表3-7は，G児について社会性発達チェックリスト（改訂版）をつけた結果である。

〈集団活動〉
- 3歳までの項目はすべてできるが，4歳以降の項目ではできるものが1つしかない
- 「大人が終始見ていなくても，4～5人の子どもと協力して遊べる」（4歳）ができない
- 「自分たちで作ったお話でごっこ遊びをする」（5歳）ができない

表3-7　G児（5歳）の社会性発達チェックリスト（改訂版）の結果

年齢	集団活動		子ども同士の関係		言語		認識		感情	
1歳	朝の集まりなどで名前を呼ばれたら返事ができる	○	友だちのまねをする	○	1話文を話せる	○	目，鼻，口，耳がわかる	○	「怖い」がわかる	○
	集団で簡単な手遊びができる	○	幼い子どもを見ると近づいていって触る	○	物の名前を3つ以上言える	○	絵本を見て知っているものを指させる	○	泣き，笑いの表情がわかる	○
2歳	役のつもりになってひとりでままごと遊びをする	○	友だちとけんかをすると言いつけにくる	○	2話文を話せる（「ママミルク」など）	○	グルグルとらせん状に描いた円を真似て描ける	○	ほめるともっとほめられようとする	○
	ロープなどがなくても列になって移動できる	○	自分や友だちが作ったものをお互いに見せ合う	○	「大きい」「小さい」の両方の言葉の意味がわかる	○	3つの数を復唱できる（5，2，4など）	○	怒り，喜び，驚き，悲しみの表情がわかる	○
3歳	他の子とかかわりながらごっこ遊びができる	○	ブランコなど自分から順番を待つ	○	「おなかがすいたらどうする？」という質問に正しく答えられる	○	「まえ」と「うしろ」がわかる	○	怒っているなど自分の感情を言葉で表せる	○
	イスとりゲームなどの簡単なルール遊びができる	○	自発的に他児に謝ることができる	×	「強い」「弱い」の両方の言葉の意味がわかる	○	10個の中から3個とれる	○	いやなことをされても気持ちをおさえて「やめて」と言える	×
4歳	大人が終始見ていなくても，4～5人の子どもと協力して遊べる	×	幼い子どもの世話ができる	○	昨日のことの話ができる	×	正方形を真似て描ける	○	かわいそうな話を聞くと悲しそうにする	○
	集中して15分程度先生の話を聞ける	○	友だちと相談したり，妥協したりしながら一緒に遊ぶ	×	3つぐらいの花の名前が言える	○	自分の体の左右がわかる	×	自分の失敗を見られないようにする	○
5歳	自分たちで作ったお話でごっこ遊びをする	×	ジャンケンで順番を決める	○	なぞなぞ遊びができる	○	5以下の足し算ができる（1＋2など）	○	鬼ごっこをしてわざとつかまりそうになってスリルを楽しむ	○
	自分たちだけで集団でルール遊びができる	×	「しちならべ」などのトランプ遊びができる	×	金曜日の前の曜日が言える	○	硬貨を見てその名前が言える（1円，10円，50円，100円）	×	泣くのを人に見られないようにする	×

・「自分たちだけで集団でルール遊びができる」(5歳)ができない

〈子ども同士の関係〉
・2歳までの項目はすべてできるが，3歳以降の項目ではできるものとできないものが混在している
・「自発的に他児に謝ることができる」(3歳)ができない
・「友だちと相談したり，妥協したりしながら一緒に遊ぶ」(4歳)ができない

〈言語〉
・3歳までの項目はすべてできるが，4歳以降の項目ではできるものがない

〈認識〉
・3歳までの項目はすべてできるが，4歳以降の項目ではできるものがない

〈感情〉
・2歳までの項目はすべてできるが，3歳以降の項目ではできるものとできないものが混在している
・「いやなことをされても気持ちをおさえて『やめて』と言える」(3歳)ができない

　G児の場合，〈言語〉〈認識〉は3歳までの項目はすべてできるものの，4歳以降の項目はできるものがないことから，G児の言語と認識の発達は遅れていることがわかる。一方，〈集団活動〉〈子ども同士の関係〉〈感情〉は3歳以降でできる項目とできない項目が混在していることから，集団活動，子ども同士の関係，感情の発達も遅れていることがわかる。そのなかでも「大人が終始見ていなくても，4～5人の子どもと協力して遊べる」「自分たちで作ったお話でごっこ遊びをする」「自分たちだけで集団でルール遊びができる」「友だちと相談したり，妥協したりしながら一緒に遊ぶ」など他児との協力や調整が必要とされる項目ができないことから，G児は他児と協力したり調整したりすることが難しいと考えられる。
　また，「自発的に他児に謝ることができる」「いやなことをされても気持ちをおさえて『やめて』と言える」など感情や行動のコントロールに関する項目ができないことから，G児は感情や行動をコントロールすることも難しいと考えられる。

(3) 子どもの理解
　[①自由遊びでは自分のイメージ通りに遊びを進めようとし，他児と楽しく遊ぶことが難しい] 姿の理解
　チェックリストの結果から，G児は言語や認識の発達が遅れていること，他児と協力したり調整したりすることが難しいことがわかった。自由遊びのなかで他児と一緒に遊ぶためには，お互いの遊びのイメージややりたいことを理解し，調整しながら進

めることが必要である。しかし，言語や認識の発達が遅れているG児にとっては，他児の遊びのイメージを理解することが難しい可能性がある。さらに，他児の遊びのイメージをある程度理解できたとしてもG児は他児との協力や調整することも難しいため，自分のイメージ通りに遊びを進めようとしてしまうと推測される。そのため，他児とトラブルになってしまい，G児は他児と一緒に楽しく遊ぶことができないのだと考えられる。

[②クラス全体でのルール遊びには意欲的に参加する] 姿の理解

それでは，G児がクラス全体でのルール遊びには意欲的に参加するのはなぜだろうか。ルール遊びの場合は，ルールがあらかじめ決められているため，どのように振舞ったらよいかがわかりやすい。そのため，自由遊びとは異なり，自分のイメージ通りに遊びを進めようとして他児とトラブルになるということが生じにくくなる。また，クラス全体でのルール遊びの場合，ルールの内容が十分に理解できなかったとしても保育者の援助が得られるため，G児は自由遊びよりも他児と楽しく遊ぶことができるのだろう。

[③思い通りにならないことがあると，暴言を吐いて保育室を出ていくことが多い] 姿の理解

チェックリストの結果から，G児は感情や行動をコントロールすることが難しいことがわかった。このような感情や行動のコントロールの難しさが，G児の思い通りにならないことがあると，暴言を吐いたり保育室を出ていったりするという行動につながっていると考えられる。しかしながら，このような行動には感情や行動のコントロールの難しさ以外の要因が影響を及ぼしている可能性もある。

1つには，注目要求が関連している可能性がある。G児が保育室を出ていけば，保育者はG児を保育室に戻すために迎えに行くだろう。G児が保育者が迎えに来るのを待っていたり，保育室の外から保育室の様子をうかがっていたりする場合，保育室を出ていくという行動の背景には，保育者に注目してほしい，かまってほしいという注目要求があると考えられる。

もう1つとしては，自己防衛が関連している可能性がある。G児は思い通りにならない時に暴言を吐いてしまい，他児とトラブルになったり他児から否定的な評価を得たりする経験をたくさん重ねていると考えられる。G児は自分の気持ちが崩れている時にその場を離れることで，他児とトラブルになることや他児から否定的な評価を得ることを避けているのかもしれない。G児の気持ちが落ち着いたら自分で保育室に戻ってくるような場合には，保育室を出ていくという行動の背景に，このような自己防衛があると考えられる。

しかしながら，注目要求や自己防衛は社会性発達チェックリスト（改訂版）では明らかにすることができない部分である。したがって，その行動をする前後の子どもの様子を丁寧に観察することによって，その行動によって子どもが得ているものや避けられているものは何かを明らかにしていくことが必要である。

　社会性発達チェックリスト（改訂版）は子どもの行動が何によって生じているのかという行動の背景を理解するのに非常に有用である。前述のように，チェックリストには日常場面ではあまり意識されないような行動や発達に関する項目が含まれているため，チェックリストをつけてみることで新たにみえるようになる側面もあるだろう。しかしながら，事例からわかるようにチェックリストで把握できる子どもの行動や発達は限られており，チェックリストをつけたからといってすべての行動の背景が理解できるわけではない。子どもの行動を，子どもを取り巻く環境との関係のなかで把握し，その背景を理解しようとするとき，その基本にあるのは日常場面における行動観察である。チェックリストは日常場面ではみえにくい子どもの行動や発達を捉えるだけでなく，子どものどのような行動や発達に着目して行動観察を行うかという，行動観察の枠組みを決定する際の手がかりにもなる。日常場面における行動観察とチェックリストを組み合わせて使用することで，子どもの行動やその背景をよりよく理解することができるだろう。

第4章

支援目標と保育の計画

第1節 「気になる」子どもを支援するための基礎

1. 保育・教育場面における支援

　保育・教育の場では障害のある子どもとない子どもがともに生活し，一緒に学ぶ共生（インクルーシブ）の仕組みを構築していくことが目指されている。すなわち，障害の診断名をもつ子どもだけでなく「気になる」子どもを含め特別な配慮を必要とする子どもが，集団のなかで生活し，他児とのかかわりや活動に参加することを通して，集団の一人として豊かに生きることができるような支援の仕組みを考えることが大切である。このような保育・教育は，子ども一人ひとりの発達の特徴および支援ニーズに応じて保育内容や指導方法を工夫・計画し，他の職員との共通認識に基づいた連携をもって園全体で組織的に行う必要がある。

　「気になる」子ども一人ひとりの発達特徴に応じて保育を工夫し，生活を通して子どもに必要な発達を促していくことは，特別な配慮を必要としない他児に対してもよりよい保育を行うことになる。たとえば，見通しをもつことが難しく，場面の切り替えの際に気持ちが崩れてしまう「気になる」子どもに対し，生活スケジュールを絵で示すことで気持ちの切り替えをスムーズにする方法をとることがある。スケジュールが示されることは，他児にとっては見通しをもち主体的に気持ちを切り替えて行動する態度を身につけることにつながる。したがって，インクルーシブによる支援は「気になる」子どもの育ちだけでなく，他児の育ちや相互の関係を捉え，集団全体の育ちが保障されるよう目指していく。

　また，保育・教育の営みは子どもの日々の生活のなかに埋め込まれているため，子どもの遊びや活動から湧き出た興味関心，楽しみは生活の連続性とともにあることに注意しなければならない。さらに，多くの保育施設では，季節の行事や園外活動など通常の保育とは別に，時間をかけて準備をする活動が取り入れられている。そのため「気になる」子どもに対する支援はそれだけを独立して考えるのではなく，1日の生

活の連続性や場面ごとの関連性，そして園の年間行事計画や年間指導計画を踏まえることで，より柔軟な支援のあり方を考えていく必要がある。

　以上のような支援を実施していくにあたっては，「気になる」子どものどのような育ちを目指すのか支援目標を立て，それに基づいた支援計画の立案が重要な役割を果たす。

2．目標設定と支援計画

　目標設定，支援計画を立てる際に注意しなければいけないことは，社会性発達チェックリスト（改訂版）のできなかった項目をできるようにすることではない。社会性発達チェックリスト（改訂版）に示された行動はあくまでもある年齢に代表される項目を示したものにすぎない。たとえば，ある5歳児が「3つぐらいの花の名前が言える」（4歳代の項目）ができなかったからといって花の名前を3つ覚えさせたとしても，それがその子どもの言語発達全体を促すことには必ずしもつながらない。むしろ大切なことは，社会性発達チェックリスト（改訂版）の項目に示された行動がなぜできないのか，その理由を整理して，理由そのものの発達を促す必要がある。たとえば，言語発達の全般的な遅れがあり言葉の数が少ないためにさまざまな物の名前を1つの名前で表現している場合がある。このような時は，さまざまな認識や言葉の理解の発達を促す必要がある。これとは別に，興味関心の狭さが理由で1つの言葉のみ使用している場合がある。このような時は，自分の好きなものにのみ関心が向きそれ以外の言葉を覚えにくい状態にあることが考えられ，その子どもの興味関心を広げるようにしていく。

　このように社会性発達チェックリスト（改訂版）から得られた情報に加え，クラスにおける子どもの姿から得た情報を統合して発達アセスメントを行い，何が課題となっているのかを把握していく。そして，子どもの発達可能性を推測し望ましい発達を目指した「中・長期的目標」と，それを達成するための当面の生活や課題に応じた「短期的目標」の2つの保育目標（ねらい）を設定する。「中・長期的目標」は1年ないし数年先を見通した目標をいう。たとえば，次の年齢クラスや，4歳児の時に小学校への就学を見通して育っていてほしい目標を立てるといったものである。一方，「短期的目標」は数か月から半年の間で年間指導計画の学期を目安にして，当面取りかかる目標を立てていく。そして，「短期的目標」を達成するための，具体的な保育をどのように進めていくのか保育の計画を立て，この計画を日々の活動計画に盛り込んでいく。当然，活動計画は特別な配慮を必要としない子どもを含めた全体的な保育の計画である。必要な場合には，当日の活動以前から「気になる」子どもに対して支援を継続して行い，その活動で他児と一緒に活動できるようにする事前準備を取り入れる場合も考えられるだろう。クラスの他児の状態，「気になる」子どもの特徴や実施予

定の活動内容に応じて、保育を構成し具体的な進め方を創意工夫する。

3. 支援の柱

　「気になる」子どもの保育を進めるにあたっては、その子どもに対する働きかけだけではなく、同時にその子どもを取り巻く環境に対する働きかけを行うことが重要となる（本郷ら、2010）。このような観点から本郷（2006）は「子どもへの支援」「クラス集団への支援」「物的環境の調整」「保育体制の整備」「保護者への支援」の5つの柱を中心として支援を進めている（図4-1）。「子どもへの支援」では「気になる」子どもの問題行動の背景を捉え、発達ニーズに応じて伸ばしたい力の育成や抑制したい行動への対応を考えていく。「クラス集団への支援」ではさまざまな子どもが生活するクラスにおいて、「気になる」子どもだけでなく、一緒に生活する他児がよりよい生活を送れるようにするための工夫を考えていく。「物的環境の調整」では環境を通じた保育について考えるものである。とりわけ物的環境を調整することで「気になる」子どもやクラス集団の主体的あるいは安定した生活や行動を引き出すことができる。これらの支援を実現するために「保育体制の整備」として複数担任間、フリーの保育者との連携など園内の連携のあり方を考えていく。そして、「保護者への支援」では保護者が「気になる」子どもの育ちを支える理解者であり、協力者となるよう連携するだけでなく、保護者自身の抱える問題に対する丁寧なかかわりを考えていく。これらの5つの支援を同時的、継続的に行うことで配慮を必要とする子どもに全体的な支援を実施することができ、行動の変化を目指していくことができる。

支援の柱

子どもへの支援
- 具体的で簡潔な働きかけ
- 否定的な働きかけの抑制
- 集団参加への誘い

クラス集団への支援
- 朝の集まりの工夫
- ルール遊びの実施
- 子ども同士の話し合い

物的環境の調整
- 壁面装飾などの工夫
- イスの配列などの調整
- 行動の安定・促進・抑制を目的とした工夫

保育体制の整備
- 専門家との連携
- 所長・主任・担任間の連携
- 職員間の連携

保護者への支援
- 定期的な話し合い
- 原因を追及しない
- 具体的な取り組みの説明

「気になる」子ども

- ルール違反の減少
- 順応性の増加
- 衝動性の減少

図 4-1　「気になる」子どもに対する支援の5つの柱（本郷ら、2010より作成）

第2節　社会性発達チェックリスト（改訂版）を活用した支援計画の実際

1．知的発達に遅れのあるＨ児【２歳児クラス女児，クラス担任２名】

(1) 生活場面における様子

▶言葉を話すことはほとんどなく，言葉による相互交渉がないことから保育者は言葉の遅れが気になっている。

▶言葉による指示を理解し行動することは難しく，保育者は個別に働きかけるようにしている。

▶一日の生活も繰り返し経験していることであれば行動できるが，新しいことは慣れるまで時間がかかる。

▶保育者の働きかけに応答し楽しそうにしている。また，お気に入りの絵本を一緒に見ることを要求して，絵本を保育者のところに持ってきて見せることが多い。

▶他児に対し興味関心を示し，他児の遊びを見ていることはあっても，他児と一緒に遊び，かかわるのは難しいため，保育者との個別のかかわりが多くなっている。

(2) 社会性発達チェックリスト（改訂版）から捉える生活の様子

●〈集団活動〉〈子ども同士の関係〉〈言葉〉〈認識〉は全般的にできていない。生活場面においても言葉を用いた相互交渉がほとんどみられないことから，全般的な発達の遅れがあると考えられる。

●〈言葉〉「１語文を話せる」（１歳），〈認識〉「目・鼻・口・耳がわかる」（１歳）ができている。〈感情〉「ほめるともっとほめられようとする」（２歳）ができていることから年齢相応の発達もみられる。

●生活場面では保育者に絵本を見せて読んでほしいことを伝えていることから，言葉が意味をもつことを理解できているだけでなく，大人とのかかわりであれば意思伝達のコミュニケーションを発揮することができる。

(3) 支援目標の設定

　Ｈ児は全般的な知的発達の遅れがあると考えられるが，保育者に対しては自分からかかわることができている。ここから，言葉や認識が育ってくると，それを用いた他者との相互交渉ができるようになることが予想される。また，２歳児の子どもは１つの遊びに集中して取り組む一人遊びが多いため，他児とかかわりながら一緒に遊ぶためには保育者の仲立ちが必要となる。そこで，保育者との個別のかかわりを主としながら，他児とのかかわりがもてるように支援を進めていく。

◆中・長期的目標
A　保育者や他児と言葉による相互交渉ができるようになる
B　生活に必要な認識と言葉が理解できるようになる
C　保育者だけでなく，仲間ともかかわれるようになる

◆短期的目標
a　簡単な言葉を用いた相互交渉が増える
b　形や大きさなどの認識，および日常生活で使用する言葉について理解できることが増える
c　他児と一緒に参加できる活動が増える

(4) 保育の展開例
①Ｈ児に対する支援
「a　簡単な言葉を用いた相互交渉が増える」の短期的目標に対する子どもへの支援としてごっこ遊びがあげられる。「おみせやさんごっこ」「おうちごっこ」などのごっこ遊びは日常生活に必要な言葉をセリフとして伝えながら遊びが展開される。そこで，まずは保育者との間でセリフを通じた言葉による相互交渉を経験しながら，次第にその遊びに他児を加えて仲間同士での言葉による相互交渉が成立するよう働きかけていく。

また，絵本には日常生活で使われる言葉を登場人物が話すものや，音の響きをリズミカルに楽しむものなどがある。読み聞かせを通じてＨ児が保育者と一緒に言葉を声に出すことや，「どうぞ－ありがとう」といった一連の相互交渉によって言葉を使った人とのかかわりの楽しさを経験できるようにする。

そして，ごっこ遊びや絵本の読み聞かせを通じて言葉の使い方のパターンを理解できるようになったところで，これまで経験した言葉を使って他児とかかわれるように場面を設定し，Ｈ児の言葉による人とのかかわりを広げていく。

> 活用できる絵本の例

『このおみせなあに』『このかたちなあに』『ことばあそび』『だるまさんが』

②物的環境の調整
「b　形や大きさなどの認識，および日常生活で使用する言葉について理解できることが増える」の短期的目標に対する物的環境の調整として，形や大きさなどさまざまな事象を認識するために必要な言葉の発達が促される教材を用意するとよいだろう。教材として，絵本，ペグボード，入れ子やひも通しなどがあげられる。これらを自由

遊びの際にコーナー遊びの1つとして設置しておくと，保育者はかかわりながら「気になる」子どもの理解に応じて援助することができる。場合によっては「気になる」子どもの発達状態に合わせて理解できるようになってほしい要素を取り入れた手作り玩具を用意するのもよいだろう。

製作の例　ひも通し

ひもに通すピースを名前（「うさぎ」「にんじん」など），形（「丸」「三角」など）などのさまざまな形状にするとともに，ピースの色や大きさを多様にすることで，遊びながら認識を高めることができる。また，見本やサイコロの目がでた順にひもに通すといった方法により順番や数に対する感覚も育っていく。

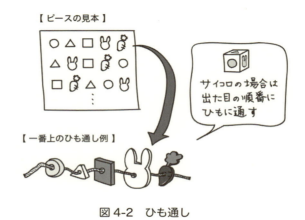

図4-2　ひも通し

環境構成の例　読書スペース

子どもが自分から絵本を読むようになるための環境を構成する。本棚は絵本の表紙が見え，子どもが立ったり，しゃがんだりした位置から手が届くような高さのものを置く。また，絵本の近くに絵本を見ることのできる十分なスペースを確保し，状況に応じてイスと机を置き集中して絵本を見られるようにする。

③保護者への支援

「a　簡単な言葉を用いた相互交渉が増える」「b　形や大きさなどの認識，および日常生活で使用する言葉について理解できることが増える」に対する保護者支援として，保護者にH児の園での様子を伝え，H児の発達状態や興味関心について保護者と共通理解ができるように進めていく。また，保育のなかで活用している絵本や遊具をH児が気に入っている場合には，保護者と連携して家庭でも楽しめるようにすると共通理解を深めていくことができる。そして，H児の育ちを保護者と共有しながらH児の育ちの目標を一緒に考えていく過程を通じて，保護者と保育者との信頼関係を

形成していく。

2．知的発達に遅れのあるⅠ児【4歳児クラス男児，クラス担任1名】
(1) 生活場面における様子
- ▶保育者の話をぼんやりと聞いていることが多く，話の途中でわからなくなると保育者に聞いてくるため，個別の声がけをするようにしている。
- ▶最近，聞きにくる回数が増えてきたことで個別に援助する回数が増え，クラスの活動時間が長くなってきた。
- ▶活動に取りかかる前から自信なさげに「できない」「わからない」と言ってくることが多い。特にこのような状態が多くなってきているように感じる。
- ▶自由遊びでは3歳児クラスの子どもに混じって鬼ごっこをして一緒に遊んでいることが多い。
- ▶落ち着きのないクラスであるが，子どもは文字や数に対する関心が高いなど新しいことを知りたい，やってみたいという気持ちがあり意欲的に活動に取り組むことができる。その気持ちに応えた活動を展開するようにしているが，Ⅰ児に個別に援助すると集団はふざけ始めて落ち着きがなくなってしまう。
- ▶Ⅰ児とよくトラブルを起こす子どもはいない。むしろ，Ⅰ児がわからない時や自信なさそうにしているのを見ると，他児はすすんでⅠ児を助けている。

(2) 社会性発達チェックリスト（改訂版）から捉える生活の様子
- ●〈集団活動〉〈子ども同士の関係〉〈感情〉は年齢相応に発達している。
- ●〈言葉〉〈認識〉には1歳程度の遅れがみられ，3歳児クラスの子どもとできることが同程度であることから，3歳児と一緒に遊ぶことが多くなっていると考えられる。
- ●クラスの他児は文字や数に対する関心が高まるなど，周囲が発達したことで他児との差が大きくなり，Ⅰ児は「できない」と感じることが多くなってきている。
- ●自分のできていない，わかってないことを認識しており，自信をなくしている。
- ●クラス集団の落ち着きのなさは保育者がⅠ児に個別に援助する場面が多くあり，活動が中断されることで待ちきれずに集中力が途切れてしまうことが関係している。

(3) 支援目標の設定
　Ⅰ児は知的発達に遅れがあることからできない，わからないと感じる場面が多くあり自信をなくし，活動に取り組む意欲が低下している。一方で他児は文字や数に対す

る関心が高まるなど理解できることが増えてきているため、その発達を保障するとともに最後まで集中して活動に取り組めるようにする必要がある。そこで、I児の知的発達を促すことで自信をもてるようにすると同時にクラス集団が集中して活動に取り組めるよう保育を計画する。

◆中・長期的目標
A　できること、わかることが増え、自信をもって取り組めるようになる
B　集団活動で保育者に頼らずに活動に取り組めるようになる
C　同年齢の子どもと遊べるようになる

◆短期的目標
a　言葉、概念、数に関して理解できていることが増える
b　活動内容を理解し独力で参加できる活動が増える
c　同年齢の子どもと楽しみを共有できるようになる

(4) 保育の展開例
①I児に対する支援
「a　言葉、概念、数に関して理解できていることが増える」のうち子どもへの支援として数量の理解に関する支援を考える際には、数の理解、計数について整理しておく必要がある。数の理解とは数詞−数字−具体物の3つの表現形を結びつけて理解できている状態をいう（熊谷、2007）。たとえば、3という数であれば、「さん」という呼び方（数詞）、「3」という文字（数字）、●●●という具体物の3つで表現され、この結びつきを3項目関係という（図4-3）。また、計数ができるようになるためには、数詞の順序を正しく唱えることができるようになるだけでなく、1つの数詞を1つの物だけに対応づける1対1対応の理解、最後に唱えた数詞が全体の量を表す集合数の理解、どこから数えても全体の数は変わらないことの理解が必要である。子どもはさ

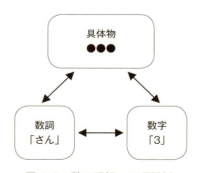

図4-3　数の理解の三項関係

まざまな経験を通して，3項関係の結びつきや計数を学んでいく。そこでまずは3以下の少ない数で理解を促していき，次第に5まで，10までと数を増やしていく。たとえば，H児の事例であげたひも通しはいくつかの形や色のバリエーションのあるピースを見本通りに通す遊びにすると，○色の○を○個といった具合に数の認識を使いながら遊ぶことになり，楽しみながら数に触れることができる。

また，2つのものを提示してどちらが「多い・少ない」「長い・短い」「高い・低い」のかをI児が考えられるように生活場面でも意識して働きかけていく（「長い方の○○をちょうだい」など）。この時，違う種類のものを比較することは難しいため，同じ種類のものを比較できるようにする。

「b 活動内容を理解し独力で参加できる活動が増える」に対する子どもへの支援として，たとえば事前の援助があげられる。I児の言葉の理解力では他児と一緒に初めて説明を聞いて理解することは難しいと予想される。そこで，折り紙など事前に経験することができるような活動では，自由遊び時間を活用し時間をかけて遊びながら繰り返し取り組むようにする。自由遊びで個別に援助することを通して，I児の苦手な箇所や独力で取り組めることを整理し，実際の集団活動ではどのポイントでI児に援助すると活動がスムーズに流れるのか援助の観点を見つけていくとよいだろう。

このように事前に個別の支援を行うことで，I児が「できない」「わからない」と感じる場面を少なくすることができるとともに，「できた」という達成感から自信をもつことができるようになる。

②クラス集団への支援

「c 同年齢の子どもと楽しみを共有できるようになる」ためにはクラス集団が落ち着き，「気になる」子どもも含め一緒になって最後まで集中して活動に取り組むことができるように支援していく。子どもは集団としての達成感や満足感を得ることができると，仲間意識が高まり別の場面でもお互いを認め合えるようになる。そこで，クラス集団への支援としてI児に個別に援助することでクラスの活動が中断されないように工夫する。言葉による説明が主となる活動ではどうしてもクラス集団とI児との間で理解の差が生じてしまうため，時には説明をあまり必要としない活動を考える。たとえば，子どもが「園舎や園庭にある不思議だと思うものを探す」など4歳児ならではの興味関心を引き出しつつもI児も一緒になって他児と参加できるような活動を構想する。また，ルールのある遊びでは，たとえば紅白オセロなどI児が勝敗のルールをわからなくても参加できるような遊びを取り入れるのもよいだろう。

活動の例　紅白オセロゲーム

チーム対抗の紅白オセロは厚紙などでオセロをつくり，チームの色の面が多くなる

よう制限時間内に何度もオセロをひっくり返し合うゲームである（図4-4）。最終的にはチームの色のオセロの枚数の多さで勝敗を決めるが，ゲームの最中は他児と協力せずに独力でオセロをひっくり返していても参加することができる。そのため，一緒に遊んでいたという感覚が生じやすくなる。

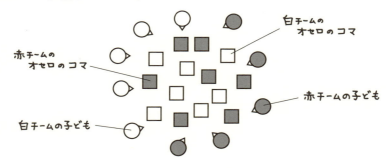

図4-4　紅白オセロゲーム

3．自己主張が強く行動調整に問題のあるJ児【3歳児クラス女児，クラス担任1名】

(1) 生活場面における様子

- ▶ とてもおしゃべりで保育者の話の途中で自分なりの思いや考えを述べることが多く，保育者の説明の先取りをすることもある。
- ▶ 保育者の話を最後まで聞かずに動きだすことや，他のことが気になると活動中でも別のことをし始めることが多い。
- ▶ J児に「待っていて」という時は動きが多くなり，別のことに集中してしまうと活動に戻れない。時には，他のクラスの活動が気になって逸脱し，クラスに戻ってくるまでに時間がかかる。
- ▶ 好きなことには集中して最後まで取り組むことができる。
- ▶ ごっこ遊びが好きで複数の女児と遊ぶが，J児が役割や場面設定などを決めて他児に指示を出すことが多い。他児が自分の思い通りに遊びを展開しないと「いじわるされている」と捉え怒りだし別のところに行って1人で遊び始めてしまう。
- ▶ 最近は他児とは一緒に遊ばず1人でいることが多くなってきたことで，朝の登園時に行きたくないと保護者に訴えるようになってきた。
- ▶ J児はイメージ力が高くすぐに言葉にすることができるが，他児は3歳児から入園してきた子どもも多く言葉が思うように出ない。J児にいろいろ言われ応答できなくなると，女児は泣き出し，男児は手が出てしまうことが多い。
- ▶ J児以外の仲間同士の関係は良好でグループで遊べるようになってきている。

(2) 社会性発達チェックリスト（改訂版）から捉える生活の様子

- 〈言葉〉〈認識〉は年齢よりも高く，理解がすすんでいる。そのため，J児の理解にあった遊びでは集中することができる。
- J児の理解が他児よりも進んでいることに加え，新入園の子どもなど言葉で表現する経験が乏しい子どもがいるためJ児との間で遊びのイメージにズレが生じやすくなっている。このことがJ児のごっこ遊びができない理由だと考えられる。
- 〈集団活動〉〈子ども同士の関係〉〈感情〉に遅れがある。理解が年齢以上の発達である一方で，情動の発達は伴っていないため他児に指示を出すことが多い。また，思い通りにいかないと「いじわるされている」と捉えてしまう。
- J児の怒りやすさや衝動性の高さはもともともっている特性だといえる。しかし，活動内容がJ児にとってゆっくりであると集中できず不注意が生じやすくなっていると考えられる。

(3) 支援目標の設定

　J児は他児と一緒に遊ぶ意欲があるが，理解の進んでいるJ児と他児との思考のテンポに差が生じていることでトラブルが生じている。ごっこ遊び場面ではエピソードが状況即応的に変化するため，他児が理解できるような伝え方をJ児が身につけ他児と楽しみを共有できるようになると，仲間関係に変化が生じてくると考えられる。また，J児が獲得している力を十分に発揮し満足できるようにしていくことで，逸脱を少なくし安心して園生活を過ごせるようにしていく。

◆中・長期的目標
A　他児と一緒に楽しみながら活動や遊びを展開できるようになる
B　自分の力を十分に発揮し達成感を味わえるようになる
C　思ったこと，感じたことを相手にわかるように言葉にして伝えられるようになる（本児・クラス集団）

◆短期的目標
a　逸脱している時間が短くなる
b　自分のもつ力を発揮できる遊びが増える
c　クラス集団一人ひとりの認識できる事柄が増える

(4) 保育の展開例

① J児に対する支援

「b　自分のもつ力を発揮できる遊びが増える」の短期的目標に対する子どもへの支援として，J児は理解が高いことからJ児の発達を保障する遊びや活動を設定する必要がある。具体的には，J児が他児よりも複雑な理解を必要とする遊びに取り組むことで，獲得した力を使った達成感を得られるようにする。たとえば，自由遊びに製作コーナーをつくり少し難しい製作に保育者と一緒に取り組む。J児が作り方を覚えたら，次の自由遊びからJ児が他児に教える役割を与え，教えることを通じて，具体物を示しながら言葉で説明する力を身につけられるよう援助する。

製作の例　ぱっちんおもちゃ，ブンブンゴマ

「ぱっちんおもちゃ」「ブンブンゴマ」（図4-5）は，3歳児には少し難しく，援助が必要な箇所がいくつかある。さらに，画用紙をどのような形にするか，ひもの太さをどの程度にするのかによっても難易度が変わってくる。難しくなるほど操作にかかわる力の発達が必要になることを踏まえて工夫する。

また，遊び方を教え合うことで他児との相互交渉が促されるだけでなく，「伝える」「聞く」「話す」といった言葉の力も促される。

図4-5　ブンブンゴマ

②保育体制の整備

「a　逸脱している時間が短くなる」の短期的目標に対する保育体制の整備として逸脱時の連携があげられる。J児が待っている場面で他のクラスが気になりクラスから出ていってしまう場合には，他の保育者との連携を図る必要がある。隣のクラスなどよく行くところが決まっている場合には，隣のクラスの保育者にJ児が自分のクラスに戻るよう声がけを頼んでおく。また，事務室（職員室）や園庭など逸脱の範囲が広い時には，フリーの保育者がJ児の行動を把握して対応するなど園全体で逸脱時の対応について決めておく。そうすることで，クラス担任の保育者は余裕をもってJ児や他児に対応することができるようになる。

③保護者への支援

「a 逸脱している時間が短くなる」「b 自分のもつ力を発揮できる遊びが増える」の短期的目標に対する保護者への支援として，J児の姿の理由について共通理解を図ることがあげられる。J児のように理解が高いと園での生活がうまくいっていないという感覚が生じ，それが園に行きたくないといった発言につながってしまう場合がある。保護者は園に行きたくないような発言を子どもから聞くと，園でのわが子と他児との関係や園での過ごし方に不安を感じてしまう。保護者が園や保育者に抱く不安や不信が子どもに伝わってしまうと，子どもはますます不安定になってしまう。そこで，J児の発達状態やトラブルの原因とそれに対する園の対応を保護者に説明し，保護者の理解を得ていく。

4. 動きが多く落ち着きのないK児【5歳児クラス男児，クラス担任1名】

（1）生活場面における様子

- 活動への参加意欲が高く何でも一生懸命取り組む。
- 活動の説明などは保育者の話を最後まで集中して聞くことができない。また，保育者の言っていることを間違って理解していることが多い。
- 活動への集中力が持続できず，自分の作業が終わってしまうと他児を待っていることができず，ふらふらと歩き出し別のことを始めてしまう。
- 遊びのアイデアが豊富だが折り合いをつけることが難しく，思い通りにいかない場合にはかんしゃくを起こすこともある。
- クラスの子どもは男児よりも女児のほうが多く，穏やかな雰囲気がある。
- K児のように意見を強く言うタイプの子どもは他にはいない。むしろ，相手や状況を考えて行動できる子どもが多くいる。そのため，クラスの他児はK児が遊びのリーダーシップをとりたがることに困惑している。

（2）社会性発達チェックリスト（改訂版）から捉える生活の様子

- 〈言語〉〈認識〉は年齢相応に発達している。保育者の話を誤って理解するのは言葉の発達の問題ではなく，話を最後まで聞くことができないためだと考えられる。
- 〈集団活動〉は1歳程度遅れている。これに関連して，活動中に自分の作業が終わってしまうと集中力が切れ，他のことが気になって動きが多くなると考えられる。
- 〈感情〉は2歳程度遅れているため，折り合いをつけ，自分の気持ちや考えを言葉にして伝えることに難しさをもっている。
- 思い通りにいかない時の情動調整の難しさは知的な発達や言葉の発達の問題

ではなく，K児のもともとの特性である。

(3) 支援目標の設定

　K児は知的な側面は年齢相応に発達していても，集中力が持続できないことから，言葉を誤って理解する，落ち着きがないといった不適応が生じている。また，情動調整の難しさはK児のもともとの特性である。そこで，K児の言葉や活動に対する集中力が高まる工夫と，活動に楽しんで参加することで折り合いをつけられるようにしていく保育を計画する。

◆中・長期的目標
A　相手の話に耳を傾け，言葉が理解できるようになる
B　活動を最後まで楽しんで参加できるようになる
C　他児と協力しながらいろいろな遊びを展開できるようになる
D　嫌なことがあった時に気にせずに過ごせるようになる

◆短期的目標
a　言葉に集中して耳を傾け理解できることが増える
b　活動の合間に待っていられる時間が増える
c　他児と協力して参加できる活動が増える
d　嫌なことがあった時に気分の崩れることが少なくなる

(4) 保育の展開例

① K児に対する支援

　「a　言葉に集中して耳を傾け理解できることが増える」の短期的目標に対する子どもへの支援として，たとえば絵本の読み聞かせを通じて話を聞く力を育てることができる。5歳児であればある程度ストーリー性があり，読んでもらうと思わずストーリーに引き込まれてしまう魅力ある内容を選ぶとよい。また，絵本の内容を活用し，子どもにどう思うのか問いかける。それぞれの考え方や気持ちの理由を語り合うことを通して他者に伝える，新しい考えを創造する力を促していくことができる。

　また，他者の言葉に集中しなければ達成できない遊びをすることで，楽しみながら聞く力を育むことができる。遊びの楽しさは子どもの活動に対する参加意欲を高めることから，遊びを通してK児に必要な力を促すことができるよう保育を工夫する。

　活用できる絵本の例

『エルマーの冒険』『ちいさいタネ』『ねぇどっちがすき？』

> **活動の例**　カードあつめゲーム

「カードあつめゲーム」に「明日は遠足です。『てるてるぼうず』を作ります。『バス』に乗って動物園へ行き,『きりん』を見ます。」といった文章の順にカードを並べる（図4-6）ルールを加える。そうすることで,ゲームに参加したい,文章を完成させたいという意欲から最後まで集中して言葉を聞く姿勢を引き出す。また,グループでカードを集めることで,他児と楽しみを共有することにもつながる。

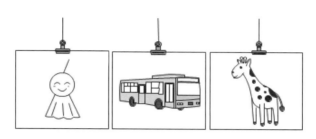

図4-6　お題の順番に並んだカード（本郷ら,2010より作成）

「b　活動の合間に待っていられる時間が増える」の短期的目標に対する子どもへの支援として,待ち方を工夫する方法がある。K児の動きが多く生じる理由の1つは何もしない時間の多さが関係している。そこで,どこでどのようにしているのか待ち方を具体的に示すようにする。

また,「c　他児と協力して参加できる活動が増える」の短期的目標に対する子どもへの支援として,K児が一緒に活動することが大切だと思えるようにしていく。たとえば,5歳児になると自分なりの考えや,やりたいことを明確にもつことができるようになることを踏まえ,「どうしたらいいかな」「みんなで考えてみよう」「みんなで決めよう」と問いかける場面を設ける。相談することによって集団全体がみんなで決めたことを守るようになり,「気になる」子どもが情動を調整するきっかけにもなる。そして,これを活動の1つとして展開することで繰り返し経験することができる。

> **活動の例**　遊びにおいで！

「遊びにおいで」は「おみせやさん」「ゲームコーナー」を5歳児が展開し4歳児クラスの子どもを5歳児クラスによぶ活動である。5歳児に4歳児クラスの子どもに楽しんでもらうためにはどうしたらいいか尋ね,子どもたちから意見を聞く。そして子どもたちから出てきたアイデアを具体化していく。この時,最初から活動内容やテーマを保育者が決めてしまうのではなく,子どもたちの話し合いを丁寧に組み立てるようにする。そしてテーマが決まった後は,どのようなもので作っていくか,誰が担当するのかなども話し合いながら決めていくことで,子どもが主体的に行う活動を展開することができる。

②保育体制の整備

「c 他児と協力して参加できる活動が増える」の短期的目標に対する支援として活動の特徴に応じた保育体制の整備が考えられる。たとえば，「遊びにおいで！」のような話し合いを大人数ですることは5歳児であってもまだ難しい。活動を考えるといった話し合いの内容が複雑になるほど小グループに分け，保育者が入って会話を仲立ちする必要がある。そこで，グループごとの話し合いを援助できるよう活動時に補助の保育者が加わる保育体制を整備していく。

5．コミュニケーションに困難があるL児【2歳児クラス女児，クラス担任3名】

(1) 生活場面における様子

- ▶園において何事にも興味をあまり示さない。
- ▶身体部位は理解している様子であるが，保育者からの問いかけ（「Lちゃんのお鼻はどこ？」等）に答えないこともある。
- ▶絵本を好み，保育室では自分で好きな絵本を選び，指さしをしながら楽しそうに読んでいるが，保育者の問いかけに指さしで答えることは少ない。
- ▶担任保育者とは信頼関係もあり，普段は積極的に保育者に身体接触は求めないものの，気持ちが不安定になった時には担任保育者に抱っこ等を求めてくる。
- ▶単語は出るが一方的であり，やりとりにならないことが多い。
- ▶好き嫌いは多いが食欲はあり，給食やおやつ等で好きなものが出ると大きい（多い）方を選択する様子は見られるが，どっちが小さい（少ない）かを問われても大きい（多い）方を取る傾向にある。

(2) 社会性発達チェックリスト（改訂版）から捉える生活の様子

- ●〈集団活動〉〈子ども同士の関係〉〈言語〉〈認識〉領域では2歳の項目ができない。
- ●〈感情〉領域の項目は1歳の項目からすべてできない。

(3) 支援目標の設定

L児は担任の保育者を認識している様子は見られるが，担任をはじめ大人とやり取りするような様子はあまり見られず，1人で遊んでいることが多い。一人遊びや絵本を見ながらの一方的な発話（単語）や指さしは見られるものの，他者とのやり取りは難しく，他児に興味を示すことも少ないため，他者を真似る，他者と物を見せ合う等ができない。まずは本児の好きなものを介して大人との注意が共有できるような活動を中心に保育を進め，大人とのやり取りのおもしろさを経験した後に他児とのやり取りの楽しさに展開することを目標としたい。

◆中・長期的目標
A　自分の思いを保育者や他児に伝えられるようになる
B　文脈に沿ったコミュニケーションが持続する

◆短期的目標
a　好きな絵本を保育者と読むことで共同注意が増える
b　他児やクラスの子どもたちが好きな遊びのなかに，日常でもよく使用するセリフ等を入れ，日常生活でも汎用可能なやりとりを楽しむ機会が増える

(4) 保育の展開例
①L児に対する支援
「a　好きな絵本を保育者と読むことで共同注意が増える。」を達成するために，まずは絵本を介して担任保育者とやり取りを繰り返すことを増やしていく。L児は担任の保育者とは信頼関係があり，また絵本が好きなことから，興味のある絵本を使用してのやり取りや絵本の内容を取り入れたゲームを保育者や他児と一緒に行い，簡単なやり取りを楽しむ機会が増えることを目標とする。

②クラス集団への支援
「b　他児やクラスの子どもたちが好きな遊びのなかに，日常でもよく使用するセリフ等を入れ，日常生活でも汎用可能なやりとりと楽しむ機会が増える。」を達成するために，L児の興味のある絵本のストーリーを遊びに取り入れ他児と一緒に活動する。その際「今何時？」「○○時」といったセリフや言い回しが繰り返しあるやり取りが含まれる遊びを取り入れてみる。

活動の例　おおかみさん今何時（おおかみと七ひきの子ヤギ編）

図4-7　おおかみさん今何時（おおかみと七ひきの子ヤギ編）

L児は『おおかみと七ひきの子ヤギ』の絵本を好んで読むことから，おおかみから逃げきれる場所を何か所か準備し，その場所にはL児が好きな『おおかみと七ひきの子ヤギ』の登場人物や他児が好きなキャラクター等の絵を示しておく。保育者の「おおかみだ，逃げろー」の声で一緒に逃げ，保育者は逃げる場所を言葉と動作で指示する（図4-7）。

③保育体制への支援

「a　好きな絵本を保育者と読むことで共同注意が増える。」といった短期的目標を達成するために，保育体制への支援も重要である。この園の2歳児クラスは主担任1名，副担任2名で構成されている。L児は1歳児クラスからの担任である主担任との信頼関係が一番強く，普段はあまり接触してこないものの，気持ちが不安定になった際はやはり主担任を求めてくる。したがってまずは主担任とのやりとりを中心に注意の共有を増やしていくとよい。また通常は主担任が保育の全体を把握し進めていくが，L児が不安定になった際は副担任が臨機応変に保育を進めることができるよう，普段から情報を共有しておく必要がある。副担任も主担任に任せることなく常に保育全体を見通しクラス運営に努めることを心がけなければならない。

6. コミュニケーションに困難があるM児【5歳児クラス男児，クラス担任1名】
(1) 生活場面における様子
- 保育室では1人でいることが多い。
- 保育者や他児の指示は理解している様子ではあるが，従わないことも多く，たびたび注意を受ける。
- 会話はできるが，自分の興味関心を中心とした一方的な話が多く，他児の話を聞き入れないことが多いため，他児とは話をしているうちにトラブルになることが多い。
- 持ち物や座る場所等にこだわりが多く，思い通りにならないとかんしゃくを起こすこともあり，時どき集団活動が中断する。
- 数字や文字には興味を示し理解もあるので，絵本や図鑑を集中して読んでいるが，仲間と一緒に読むといったことは少なく1人で読んでいることが多い。

(2) 社会性発達チェックリスト（改訂版）から捉える生活の様子
- 〈集団活動〉領域は他児とのかかわりが難しいためできない項目が多く，3歳以上の項目ができない。
- 〈子ども同士の関係〉領域は1歳の項目ができない一方で，5歳の「『しちならべ』などのトランプ遊びができる」はできる。

- 〈言語〉領域は年齢相当である。
- 〈認識〉領域では5歳の項目である足し算や硬貨の名前は言うことができる一方で，3歳の項目である「『まえ』と『うしろ』がわかる」や4歳の項目である「自分の体の左右がわかる」はできず，アンバランスである。
- 〈感情〉領域では1歳から4歳の項目まではできないが，5歳の項目である「泣くのを人に見られないようにする」はできる。自分を主張することはできても，自分をおさえたり，ルールに従ったりすることは難しく，自分の感情は表現するが，他者他児の感情の理解が難しい。

(3) 支援目標の設定

M児は言葉を使用することは可能であり，自分の思いを主張することもできる。また泣いているのを人に見られないようにといった恥の感情もあるため知的には問題ないと考えられる。しかし他者の思いを理解し受け入れることが難しく，集団活動中もトラブルになることが多いことから，まずは保育者がM児の思いや他児の思いに介入しながら協同活動を増やすこと，また交渉することの楽しさを経験する機会を増やすことを目標とする。そのために，文字や数量といったM児が興味のあることを活用しながら，他児とのかかわりを増やし，楽しいおもしろいといった肯定的な経験が増えることを目標としたい。

◆中・長期的目標
A　集団活動に主体的に参加し，協同的な活動ができるようになる
B　保育者（大人）の介入なしに他児と相互交渉が持続するようになる

◆短期的目標
a　文字・数量を活用した活動を介して他児とのかかわりが増える
b　交渉場面のある集団遊びでのトラブルが減る

(4) 保育の展開例

①M児に対する支援

「a　文字・数量を活用した活動を介して他児とのかかわりが増える」を達成するために，数合わせ，文字合わせゲームを設定活動のなかに入れ仲間との活動を増やす。またできるだけ勝ち負けよりも交渉を中心とした，比較的自由に動ける他の集団活動を設定し，仲間と一緒に楽しさを共有する経験を重ねる。

活動の例 もうじゅうがり，文字拍手・数拍手ゲーム

　もうじゅうがりや拍手ゲームは保育者が言った名詞の文字数や拍手の数量に合わせてグループをつくる（ライオンであれば4人グループ）ので，文字や数量を使いながら友だちと交渉することができる。また勝ち負けのあるゲームではないので，友だち同士協力しながら遊べる。グループを作るだけではなく，作ったグループでさらに活動をしたり，話し合いをしたりと活動が展開できる。

図4-8　もうじゅうがり

②クラス集団への支援

　「b　交渉場面のある集団遊びでのトラブルが減る」を達成するために，まずは保育者が丁寧にクラス集団に介入し，M児と他児の相互作用が増えるように支援する。クラスは4歳児クラスからそのまま持ち上がった子どもも多く，4月から比較的落ち着いたクラスである。M児となかよくしようとする様子も見られる。しかしM児が一方的なコミュニケーションであるため，会話や遊びも長く続かない。最近では時折かんしゃくを起こすM児に対して否定的な感情も持ち始めている。5歳児クラスともなれば，トラブルが多くなることでクラスの子どもたちがM児に対して「またM児だ」といったように否定的感情をもってしまうことも考えられる。そうならないように，M児のよいところ，得意なこと等をクラス集団に伝えていく。また他児のよいところもM児に伝わるようにし，互いが認め合えるような集団になるよう保育者が意識してかかわる。

③物的環境への支援

　「a　文字・数量を活用した活動を介して他児とのかかわりが増える」および「b　交渉場面のある集団遊びでのトラブルが減る」を達成するために，少人数の子どもたちが日常的に自然と集まって話ができるような環境（絵本・図鑑コーナー，工作コーナー，音楽コーナー等）をできるだけ常設しておく。その際，教材を配置しただけでは子どもたちは集まってこないため，クラス集団の興味関心を常に教材に取り入れ，

コーナーに意味をもたせる必要がある。また安全面には十分に配慮しながらも，保育者からは見えていないと子どもが思えるような秘密のスペース（秘密基地，隠れ家）等も子どもたちが集まる魅力的な場所となる。

7. コミュニケーションに困難があり，他者への興味・関心も少ないＮ児【4歳児クラス女児，クラス担任2名】

(1) 生活場面における様子

- ▶ 登園してからほとんどの時間を1人で過ごしていることが多い。
- ▶ 保育者や他児とトラブルを起こすことはあまりない一方で，積極的にかかわろうとする様子もあまり見られない。
- ▶ 言葉は発するが自分からはあまりしゃべらず，保育者の問いかけ等には単語や身振り（うなずく，首を振る等）で答え，時制を含むような少し複雑な問いかけをするとすぐに「知らない」と言う。
- ▶ 積み木遊びが大好きだが，積み木を積んで遊ぶというよりも，叩いて音を出したり，握って感触を確かめたりしていることが好きなようである。

(2) 社会性発達チェックリスト（改訂版）から捉える生活の様子

- ● 〈集団活動〉〈子ども同士の関係〉〈言語〉〈認識〉領域は2歳の項目までできる。
- ● 〈感情〉領域は3歳前半の項目までできる。
- ● すべての領域において年齢相当の項目ができない，日常生活でも自分の思いを表現できない場合もあり，他者の質問の意味がわからない様子も見られ，全体的な発達の遅れが考えられる。

(3) 支援目標の設定

　他児とのかかわりの難しさや集団活動が困難なのは，Ｎ児の対人関係構築に対する困難さとともに，他者に注意が向かないといった認識の低さもあわせもっていると考えられる。当面は保育を通して自分と周囲の環境を認識し，保育者や他児の存在に注意を向け一緒に活動することができるように支援することが重要である。

　◆中・長期的目標
　A　集団のなかで落ち着いて日常生活を送れるようになる
　B　主体的に自己を表現し，他者の思いを理解できるようになる

　◆短期的目標
　a　生活習慣の認識が高まり，その日に何をしたのかを言える日が増える

b 自己および他者の楽しい気持ちを言葉で表現することが増える

(4) 保育の展開例
① N児に対する支援

「b 自己および他者の楽しい気持ちを言葉で表現することが増える」を達成するために，ペアや小集団で活動する遊びを取り入れる。活動や遊びのなかに，他児に言葉で表現する機会や他児の存在を意識させる内容を設定する。保育者は適宜代弁しながら互いの気持ちを互いに伝える。また「a 生活習慣の認識が高まり，その日に何をしたのかを言える日が増える」を達成するために，昨日あったことや今日実施すること，明日の予定等を具体的に伝え，1日の終わりに今日何をしたかを保育のなかで意図的に問いかけてみる。本日の予定等は，保育室前方に絵や写真，記号等で示したスケジュールを貼っておく。

活動の例 ふれあいイスとりゲーム（みんなで座ろう）

人数よりも少なくしたイスに全員が座れるようにみんなで協力する。2人でイスから落ちないように座る，1人がイスに座り，その上にもう1人が座る等みんなで工夫しながら座ることを楽しむゲームのため，座れなかった子どもが応援にまわるといった参加できない時間がない。保育者は怪我には十分注意して活動を進める必要がある。

図4-9 ふれあいイスとりゲーム

活動の例 しんぶん島

新聞紙を折りたたみながらその上にみんなで乗る。それぞれのチームでどのように乗ると全員が新聞の上に乗ることができるか相談しながら工夫をする。新聞紙をどんどん小さく折りたたみながら最後まで全員が新聞に乗っていられるか競争する。小さくするタイミングはジャンケンをして負けたらでもよいし，全チームで同じタイミン

グで折りたたんでもよい。

図4-10　しんぶん島

②保育体制の支援

「a　生活習慣の認識が高まり，その日に何をしたのかを言える日が増える。」を達成するために，保育体制を整えることも重要である。N児の認識が低いことから，全体に働きかけると同時にN児への個別の声がけも必要になる。その際副担任の保育者と連携を取り，N児に個別に声をかけるタイミングを事前に考えておく等する。場合によっては副担任の保育者に主担当になってもらい，担任がサブでN児に個別につく時間を設けてもよい。

③保護者への支援

「a　生活習慣の認識が高まり，その日に何をしたのかを言える日が増える。」を達成するために，保護者と連携を取りながら保育を進めていく必要がある。N児は日常生活の認識は低いものの比較的穏やかに生活できるため，家族と生活する上では困らないと考えられる。実際に保護者に家庭でのN児の様子を聞いても困り感はない。しかしながら，次年度は5歳児クラスに進級し，集団活動や集団行事への参加も今以上に多くなり，就学も考えなければならなくなることから，4歳クラスのうちに保護者に子ども集団におけるN児の様子を伝え，N児の園内での日常の様子を保護者に見てもらってもよい。保護者に子どもの様子を伝える際には，否定的なことのみを伝えるのではなく，得意なことや1人では難しくても少し支援をするとできること等も交えて話す。また伝える内容によっては施設長と役割分担をすることも有効である。

8．コミュニケーションの難しさに加え，多動傾向のあるO児【3歳児クラス男児，クラス担任1名】

(1) 生活場面における様子

▶クラスでは目立った存在で，保育者や仲間の言うことは理解でき，発想も豊かで遊びではクラスを引っ張っている。

▶自分の意見が通らないとかんしゃくを起こしたり他児に対して否定的な言動

を取ったりすることがあり,「ぼくがすぐ怒るからみんなが遊ばないっていう」と保育者に言ってくることもある。
- ▶ 活動的である一方で,高いところから怖がる様子もなく飛び降りたり,急に走り出したりするため小さな怪我が絶えず,保護者も心配している。
- ▶ 同年齢の他児よりもおしゃべりで語彙も豊富である。虫や植物に関する知識も豊富で,クラスでは虫博士と言われている。一方で他児があまり興味を示さない遊びや活動でも,自分が楽しければ他児に構わず続けるところがある。

(2) 社会性発達チェックリスト（改訂版）から捉える生活の様子

- ● 〈集団活動〉領域は年相応の項目ができる。
- ● 〈子ども同士の関係〉領域は2歳の項目はできるが,自分をおさえたり,ルールに従ったりすることは難しく「ブランコなど自分から順番を待つ」はできない。
- ● 〈言語〉〈認識〉領域は語彙も豊富であり,発想も豊かであることから,他の3歳児よりむしろ高くなるため,「なぞなぞ遊びができる」「金曜日の前の曜日が言える」「5以下の足し算ができる」「硬貨を見てその名前が言える」といった5歳の項目もできる。
- ● 〈感情〉領域は年齢相応の項目ができる。

(3) 支援目標の設定

O児は知的には問題なく,むしろ年齢よりも高いと考えられる。またO児は他児から肯定的にみられている側面と否定的にみられている側面をあわせもっている。O児の肯定的側面,つまり知識が豊富で行動力のある側面を伸ばしていくことを目標とし,O児自身が自覚することにより生じる自己肯定感を高める。同時に否定的な側面についてはO児の困難さからくるものであることから,抑制するというよりも切り替える支援をする。

◆中・長期的目標
A　自己肯定感が下がらないようにする
B　気持ちが崩れても自分で切り替えることができるようになる
C　安全に落ち着いて園生活を送ることができるようにする

◆短期的目標
a　虫をクラスで飼育する,植物を活用する遊びを設定するなどしてO児の得意なことを披露する場が増える

b　怒ったり大きな声を出してしまったりしたら，自分で別室や別コーナーに移動する等の行動が増える
　c　1つの行動から他の行動に移る際には一旦落ち着いてから移る機会が増える

(4) 保育の展開例
①O児に対する支援

　「a　虫をクラスで飼育する，植物を活用する遊びを設定するなどしてO児の得意なことを披露する場が増える」を達成するために，園庭で捕まえられる虫や飼育が簡単な虫や小動物をクラスで飼育する。3歳児なので保育者と一緒に当番を決めて餌やりやすみかの清掃等をしてみる。毎日でなくてもよいので朝や帰りの集まりの際に「今日の〇〇（虫・小動物の名前）」のようなトピックで気づいたことや今後してあげたいこと等をO児を含めクラス全員で話をする。発表する際はあまり形式にはこだわらず，話したい思い，自分はこんなに知っているからみんなに教えてあげるのだという思いを大切に発表させる。また「b　怒ったり大きな声を出してしまったりしたら，自分で別室や別コーナーに移動する等の行動が増える」を達成するために，かんしゃくを起こした際は他児の前で理由を明らかにするよりも，まずは集団から離れ一旦落ち着くことを優先する。理由は落ち着いた上で聞く。さらに「c　1つの行動から他の行動に移る際には一呼吸おいて移れる機会が増える」を達成するために，まずは園庭に出る時（または園舎に入る時）に，靴を履いて（脱いで）から深呼吸をして出る（入る）ことを繰り返してみる。最初は保育者と一緒に実施し，保育者と一緒であればできるようになったら，次は1人で，また他の活動と活動の間でもできるようにする。

②クラス集団への支援

　「a　虫をクラスで飼育する，植物を活用する遊びを設定するなどしてO児の得意なことを披露する場が増える」を達成するためとはいえ，褒める認める等の声がけがO児に偏らないよう，クラスの子どもたちの肯定的側面も高める保育者の日常的な保育支援が重要である。クラスの子どもたちは物知りなO児を尊敬している一方で，かんしゃくや否定的な言動をとるO児に対して怖いといった感情もあわせもっており，時折遊ばないとO児に対して言う姿も見られる。そのためO児の物知りな部分等，肯定的な側面を意図的にクラス集団にも着目させるようにすることが重要である一方で，他児がO児のために思いを抑制したり，我慢したりしないように配慮しなければならない。

③保育体制への支援

　「c　1つの行動から他の行動に移る際には一旦落ち着いてから移る機会が増える」

を達成するために，園全体でO児の衝動性に対して体制を整える必要がある。O児は衝動性が高く保育活動中も小さな傷を作ることが多い。まずはO児が衝動的に行動しそうな場所を把握し，可能であれば刺激となる環境を減らす等の調整をする。また①「O児に対する支援」で述べたように，行動と行動の間で深呼吸する機会をいろいろな場面で気づくことができるよう，他クラスの保育者もO児に声がけをする。また降園時には保護者にO児の怪我を説明する等，保護者と個別に接することが多くなるため，保護者との信頼関係が崩れることのないよう，担任保育者は園長や主任等と連携を取り保護者支援を行う必要がある。加えて園長や主任等は担任だけが保護者の対応をすることにならないよう，O児やクラスの情報を共有し役割分担をして，園長を中心に園全体で保護者支援を行う体制を整える必要がある。

④保護者への支援

「c　1つの行動から他の行動に移る際には一旦落ち着いてから移る機会が増える」を達成するために，保護者の信頼と協力を得ることも重要である。上述したように，降園時には保護者にO児の怪我の状況や園がどのような支援をしているか等を説明することが多くなるが，保護者が園に不信感をもたないよう説明は正確にそして慎重にしなければならない。加えて家庭でのO児の様子，園と同じような行動が見られるかどうかを把握することも重要であり，保護者が安心して子どものことを園に伝え，保護者にとっても保育園が安心できる場になるような環境と関係を整えなければならない。

文 献

● はしがき
本郷一夫・飯島典子・高橋千枝・小泉嘉子・平川久美子・神谷哲司（2015）．保育場面における幼児の社会性発達チェックリストの開発　東北大学大学院教育学研究科研究年報，**64**（1），45-58．

本郷一夫・飯島典子・高橋千枝・小泉嘉子・平川久美子・神谷哲司（2016）．保育場面における「気になる」子どもの社会性発達　―「社会性発達チェックリスト」から捉える「気になる」子どもの特徴―　臨床発達心理実践研究，**11**（2），85-91．

● 第1章
本郷一夫（編著）（2010）．「気になる」子どもの保育と保護者支援　建帛社

本郷一夫・相澤雅文・飯島典子・半澤万里・中村佳世（2009）．高校における「気になる」生徒の理解と支援に関する研究　東北大学大学院教育学研究科教育ネットワーク研究室年報，**9**，1-10．

本郷一夫・飯島典子・平川久美子（2010）．「気になる」幼児の発達の遅れと偏りに関する研究　東北大学大学院教育学研究科研究年報，**58**（2），121-133．

本郷一夫・飯島典子・平川久美子・杉村僚子（2007）．保育の場における「気になる」子どもの理解と対応に関するコンサルテーションの効果　LD研究，**16**（3），254-264．

本郷一夫・飯島典子・杉村僚子・高橋千枝・平川昌宏（2005）．保育の場における「気になる」子どもの保育支援に関する研究　東北大学大学院教育学研究科教育ネットワーク研究室年報，**5**，15-32．

本郷一夫・飯島典子・高橋千枝・小泉嘉子・平川久美子・神谷哲司（2015）．保育場面における幼児の社会性発達チェックリストの開発　東北大学大学院教育学研究科研究年報，**64**（1），45-58．

本郷一夫・飯島典子・高橋千枝・小泉嘉子・平川久美子・神谷哲司（2016）．保育場面における「気になる」子どもの社会性発達　―「社会性発達チェックリスト」から捉える「気になる」子どもの特徴―　臨床発達心理実践研究，**11**（2），85-91．

本郷一夫・澤江幸則・鈴木智子・小泉嘉子・飯島典子（2003）．保育所における「気になる」子どもの行動特徴と保育者の対応に関する調査研究　発達障害研究，**25**（1），50-61．

本郷一夫・杉村僚子・飯島典子・平川昌宏・太田久美子・高橋千枝（2006）．保育の場における「気になる」子どもの保育支援に関する研究2　―「気になる」子どもの行動チェックリストと行動観察との関連―　東北大学大学院教育学研究科教育ネットワーク研究室年報，**6**，35-44．

【社会性発達チェックリスト（改訂版）の項目抽出の参考文献】
遠城寺宗徳（2009）．遠城寺式　乳幼児分析的発達検査法（九州大学小児科改訂新装版）慶應義塾大学出版

児童思春期精神保健研究会（2003）．子どもの行動調査表（2－3才用）Achenbach, T. M. による CBCL 日本版　スペクトラム出版社

三木安正（監修）（1980）．新版 S-M 社会生活能力検査　日本文化科学社

三宅和夫（監修）（1991）．KIDS（キッズ）乳幼児幼児発達スケール＜手引き＞　発達科学研究教育センター

森永良子・東　洋（2011）．DESC 乳幼児社会性認知発達チェックリスト　文教資料協会

中台佐喜子・金山元治（2005）．幼児の社会的スキル尺度　堀　洋道・櫻井茂男・松井　豊（編）　心理測定尺度集Ⅳ　子どもの発達を支える〈対人関係・適応〉（pp.225-321）サイエンス社

大神優子（2011）．「気になる子」に対する保育者と保護者の評価　―SDQ（Strengths and Difficulties Questionnaire）を利用して―　和洋女子大学紀要，**51**，179-188．

新版 K 式発達検査研究会（2008）．新版 K 式発達検査法 2001 年版　標準化資料と実施法　ナカニシヤ出版

Sparrow, S. S., Cicchetti, D. V., & Balla, D. A. (2014). Vineland－Ⅱ　辻井正次・村上　隆（日本版監修）適応行動尺度　日本文化科学社

田中教育研究所（2004）．田中ビネー知能検査Ⅴ　実施マニュアル　田研出版

田中教育研究所（2012）．TK 式こどもの社会性発達スケール STAR　田研出版
辰見敏夫・余語正一郎（1998）．改訂新版　幼児総合発達診断検査　千葉テストセンター
勅使千鶴（1999）．子どもの発達とあそびの指導　ひとなる書房
津守　真・稲毛教子（1961）．乳幼児精神発達診断法　0才〜3才まで　大日本図書
津守　真・磯部景子（1965）．乳幼児精神発達診断法　3才〜7才まで　大日本図書
Wechsler, D.（1998）．WISC-Ⅲ　日本版 WISC-Ⅲ 刊行委員会（訳編）　日本版 WISC-Ⅲ 知能検査法　②実施・採点編　日本文化科学社

● 第 2 章
天岩靜子（1997）．自由遊びの中で幼児が用いる数表現　信州大学教育学部紀要，**92**，77-85．
天岩靜子（2015）．幼児が遊びの中で自発的に用いる「計算」行動　共栄大学研究論集，**13**，247-261．
秦野悦子（2002）．ことばの発達入門（入門コース・言葉の発達と障害 1）　大修館書店
久崎孝浩（2010）．恥の個人差の発達的要因を探る　心理学評論（特集　感情発達），**53**（1），62-76．
飯島典子（2007）．遊び　本郷一夫（編著）　シードブック発達心理学（pp.89-100）　建帛社
板倉昭二（2007）．乳幼児における感情の発達　藤田和生（編）　感情科学（pp.113-142）京都大学学術出版会
伊藤　崇（2011）．集団保育における年少児の着席行動の時系列分析　―「お誕生会」の準備過程を対象として―　発達心理学研究，**22**（1），63-74．
岩田純一（2016）．自己の認知　矢野喜夫・岩田純一・落合正行（編著）　認知発達研究の理論と方法　―「私」の研究テーマとそのデザイン―（pp.157-174）　金子書房
次良丸睦子（1993）．幼児は序数の理解に対してどんなエラーをするか　―基数と序数との概念の発達的分化―　日本性格心理学会大会発表論文集，**1**，13．
加藤義信（2009）．資料でわかる認知発達心理学入門　ひとなる書房
勝井　晃（1968）．方向概念の発達的研究　―空間方向に関するコトバの理解を手がりとして―　教育心理学研究，**16**（1），42-49，63．
加用文男（2011）．幼児の表象世界の多様性　木下孝司・加用文男・加藤義信（編著）　子どもの心的世界のゆらぎと発達　―表象発達をめぐる不思議―（pp.89-116）　ミネルヴァ書房
菊池哲平（2004）．幼児における自分自身の表情に対する理解の発達的変化　発達心理学研究，**15**（2），207-216．
木下芳子・斎藤こずえ・朝生あけみ（1987）．仲間関係　無藤　隆・内田伸子・斉藤こずえ（編著）　子ども時代を豊かに　―新しい保育心理学―（pp.59-111）　学文社
小泉嘉子（2011）．言語の発達　本郷一夫（編著）　保育の心理学Ⅰ・Ⅱ（pp.83-92）　建帛社
小嶋秀夫（1989）．乳幼児の社会的世界と発達　小嶋秀夫（編）　乳幼児の社会的世界（pp.1-19）　有斐閣選書
栗山和広（1995）．数概念　吉田　甫・多鹿秀継（編著）　認知心理学からみた数の理解（pp.11-33）　北大路書房
丸山（山本）愛子（1999）．対人葛藤場面における幼児の社会的認知と社会的問題解決方略に関する発達的研究　教育心理学研究，**47**，451-461．
松永あけみ（2002）．2－4歳児における他者の内的特性の把握と行動予測能力の発達　群馬大学教育学部紀要　人文・社会科学編，**51**，325-336．
松沢正子（1996）．1〜2歳児における自他意識の発達と共感行動　性格心理学研究，**4**（1），47-60．
溝川　藍（2011）．4，5歳児における嘘泣きの向社会的行動を引き出す機能の認識　発達心理学研究，**22**（1），33-43．
村田孝次（1973）．言語発達　藤永　保（編）　児童心理学（pp.277-328）　有斐閣
長濱成未・高井直美（2011）．物の取り合い場面における幼児の自己調整機能の発達　発達心理学研究，**22**（3），251-260．
野田淳子（2008）．幼児期の感情　上淵　寿（編著）　感情と動機づけの発達心理学（pp.65-84）　ナカニシヤ出版
小椋たみ子・綿巻　徹・稲葉太一（2016）．日本語マッカーサー乳幼児言語発達質問紙の開発と研究　ナカニシヤ出版
奥美佐子（2008）．0〜3歳児の描画過程で子ども間の模倣は出現するか　―1年間の記録から検討する―

名古屋柳城短期大学研究紀要，**30**，101-114.
大久保愛（1971）．幼児言語の発達　東京堂出版
小山　正（2012）．言語獲得初期における空間語彙と動詞の理解との関連　―ダウン症の事例から―　音声言語医学，**53**（2），148-152.
坂上裕子（2010）．歩行開始期における自律性と情動の発達　心理学評論（特集：感情発達），53（1），38-55.
菅井邦明（1985）．幼児の音声言語行動の習得に関する調査　―特定音声言語行動「げんこつ山のたぬきさん」の場合―　東北大学教育学部研究年報，**33**，111-119.
高櫻綾子（2013）．集団のなかでの育ち　高櫻綾子・請川滋大（編著）　子どもの育ちを支える発達心理学（pp.110-118）朝倉書房
田村綾菜（2013）．謝罪と罪悪感の認知発達心理学　ナカニシヤ出版
田中昌人・田中杉恵（1982）．子どもの発達と診断　2 乳児期後半　大月書店
田中昌人・田中杉恵（1984）．子どもの発達と診断　3 幼児期 I　大月書店
鄭　暁琳・杉村伸一郎（1968）．幼児の空間言語の習得に関する発達的研究　―遠近，前後，左右の理解―　幼年教育研究年報，**36**，43-51.
勅使千鶴（1999）．子どもの発達と遊びの指導　ひとなる書房
富岡比呂子（2013）．児童期・青年期の自己概念　ナカニシヤ出版
内田伸子（1999）．岩波テキストブック　発達心理学（pp.155-184）岩波書店
内田伸子（2008）．新心理学ライブラリ2　幼児心理学への招待　改訂版　―子どもの世界づくり―（pp.62-84）サイエンス社
上原　泉（2008）．短期記憶・ワーキングメモリ　太田信夫・多鹿秀継（編著）記憶の障害発達心理学（pp.21-30）北大路書房
植村美民（1979）．乳幼児期におけるエゴ（ego）の発達について　心理学評論，**22**（1），28-44.
山形恭子（2016）．数の初期発達に関するエピソード分析　矢野喜夫・岩田純一・落合正行（編）認知発達研究の理論と方法　―「私」の研究テーマとそのデザイン―（pp.137-154）金子書房

● 第 4 章

本郷一夫（2006）．保育の場における「気になる」子どもの理解と対応　―特別支援教育への接続―　おうふう
本郷一夫・杉村僚子・平川久美子・平川昌宏・飯島典子（2010）．「気になる」子どもの保育と保護者支援　建帛社
特別支援教育士資格認定協会（2007）．特別支援教育の理論と実践　1 概論・アセスメント　S.E.N.S 養成セミナー　金剛出版

付録

社会性発達チェックリスト（改訂版）

対象児	性別	クラス	月齢	記入日	記入者
	男 女	歳児クラス	歳　か月	年　月　日	

【記入方法】
①子どもの年齢にかかわらず、すべての項目についてチェックしてください。
②「現在できるもの」および「過去にできていたもの」に○をつけてください。
③「できないもの」には×をつけてください。
④「わからないもの」については、マニュアルを参考に実際に確かめてください。

年齢	集団活動	子ども同士の関係	言語	認識	感情
1歳	朝の集まりなどで名前を呼ばれたら返事をする	友だちのまねをする	1話文を話せる	目、鼻、口、耳がわかる	「怖い」がわかる
	集団で簡単な手遊びができる	幼い子どもを見ると近づいていって触る	物の名前を3つ以上言える	絵本を見て知っているものを指させる	泣き、笑いの表情がわかる
2歳	役のつもりになってひとりでままごと遊びをする	友だちとけんかをするといいつけにくる	2話文を話せる（「ママ　ミルク」など）	グルグルとらせん状に描いた円を真似て描ける	ほめるともっとほめられようとする
	ロープなどがなくても列になって移動できる	自分や友だちが作ったものをお互いに見せ合う	「大きい」「小さい」の両方の言葉の意味がわかる	3つの数を復唱できる（5、2、4など）	怒り、喜び、驚き、悲しみの表情がわかる
3歳	他の子とかかわりながらごっこ遊びができる	ブランコなど自分からごっこ順番を待つ	「おなかがすいたらどうする？」という質問に正しく答えられる	「まえ」と「うしろ」がわかる	怒っているなど自分の感情を言葉で表せる
	イスとりゲームなどの簡単なルール遊びができる	自発的に他児に謝ることができる	「強い」「弱い」の両方の言葉の意味がわかる	10個の中から3個とれる	いやなことをされても気持ちをおさえて「やめて」と言える
4歳	大人が終始見ていなくても、4～5人の子どもと協力して遊べる	幼い子どもの世話ができる	昨日のことの話ができる	正方形を真似て描ける	かわいそうな話を聞くと悲しそうにする
	集中して15分程度先生の話を聞ける	友だちと相談したり、妥協したりしながら一緒に遊ぶ	3つぐらいの花の名前を言える	自分の体の左右がわかる	自分の失敗を見られないようにする
5歳	自分たちで作ったお話でごっこ遊びをする	ジャンケンで順番を決める	なぞなぞ遊びができる	5以下の足し算ができる（1+2など）	鬼ごっこをしておきをつかまりそうになってスリルを楽しむ
	自分たちだけで集団でルール遊びができる	「しちならべ」などのトランプ遊びができる	金曜日の前の曜日が言える	硬貨を見てその名前が言える（1円、10円、50円、100円）	泣くのを人に見られないようにする

編者紹介

本郷　一夫（ほんごう・かずお）

1955年　埼玉県に生まれる
1984年　東北大学大学院教育学研究科博士課程後期単位取得退学，博士（教育学）
現　在　東北大学　名誉教授

【主著】
子どもの理解と支援のための発達アセスメント（編著）　有斐閣　2008年
「気になる」子どもの保育と保護者支援（編著）　建帛社　2010年
認知発達のアンバランスの発見とその支援（編著）　金子書房　2012年
認知発達とその支援（編著）　ミネルヴァ書房　2018年

執筆者一覧 （執筆順）

本郷　一夫	（東北大学　名誉教授）	編者，第1章
小泉　嘉子	（尚絅学院大学　心理・教育学群　心理学類）	第2章
平川久美子	（石巻専修大学　人間学部）	第3章
飯島　典子	（宮城教育大学　教育学部）	第4章
髙橋　千枝	（東北学院大学　文学部）	第4章

「気になる」子どもの社会性発達の理解と支援
―チェックリストを活用した保育の支援計画の立案―

2018年3月20日	初版第1刷発行
2021年3月20日	初版第2刷発行

定価はカバーに表示してあります。

編 者　本　郷　一　夫
発行所　（株）北大路書房

〒603-8303　京都市北区紫野十二坊町12-8
電話（075）431-0361（代）
FAX（075）431-9393
振替 01050-4-2083

©2018

印刷・製本／亜細亜印刷（株）

検印省略　落丁・乱丁本はお取り替えいたします。

ISBN978-4-7628-3012-9　Printed in Japan

・ JCOPY 〈(社)出版者著作権管理機構 委託出版物〉
本書の無断複写は著作権法上での例外を除き禁じられています。
複写される場合は，そのつど事前に，(社)出版者著作権管理機構
（電話 03-5244-5088, FAX 03-5244-5089, e-mail: info@jcopy.or.jp）
の許諾を得てください。